Le bonheur est dans l’action

Collection *Monde en cours*
créée par Jean Viard

www.editionsdelaube.com

ISBN 978-2-8159-6535-4

DOMINIQUE
SCHELCHER

Le bonheur est dans l'action

Des clés pour réussir de A à Z

éditions de l'aube

À Valérie et à nos enfants
À mes parents

PRÉAMBULE

« On n'a servi à rien tant qu'on n'a pas apporté
quelque chose dans la vie des gens. »

JOSEPH SCHUMPETER

INTRODUCTION

« Comment avez-vous fait pour en arriver là ? » C'est pour partager quelques réponses à cette question maintes fois entendue que j'ai décidé d'écrire ce livre.

Livre ? Peut-être un grand mot – j'ai tant de respect pour lui – pour décrire cet exercice. Parlons plutôt d'un petit abécédaire pour l'homme d'action du début du XXIe siècle.

J'ai une double vie professionnelle. Je suis le PDG du quatrième distributeur français depuis 2018, Coopérative U (les magasins U) et, en même temps, le propriétaire d'une PME, un supermarché en Alsace depuis vingt-cinq ans. Autant de vies à mener de front avec la plus importante : celle de ma famille avec mes enfants.

J'ai lu de nombreux livres de management et de développement personnel pendant mon parcours comme nombre d'entre vous. Loin de moi ici toute idée d'écrire une grande théorie. Je n'en serais pas capable et, de toute façon, les grandes théories finissent sur les étagères et se succèdent comme des modes vite dépassées. Non, je souhaite juste transmettre un peu de ce que j'ai appris, à travers des pensées, des repères utiles et des pratiques concrètes, faciles à mettre en œuvre. Ils sont issus de mon travail de chef d'entreprise au plus près du terrain : une sorte de système D pour l'action à partir duquel chacun affinera ses propres pensées.

Si je devais résumer ma ligne de conduite professionnelle en trois mots, je dirais : enthousiasme, bon sens et discipline. Je prends beaucoup de plaisir à vivre cela intensément au quotidien. Allant jusqu'à l'affirmer : le bonheur est dans l'action.

Dans un langage le plus clair et le plus direct possible, voilà ce que je vous propose de partager maintenant. Mon plaisir à venir ? Lire avec attention vos réactions et, j'espère, enrichir ce livre de vos propres conseils avisés.

a

Absolu

« Celui qui n'a pas le goût de l'absolu se contente d'une médiocrité tranquille » disait Paul Cézanne. Fuir la banalité est l'ambition première de l'homme d'action, de l'entrepreneur. Il suppose un projet qui permette de dépasser l'instant présent, de justifier tous les efforts, un moteur pour l'action qui ne s'arrêtera pas au premier obstacle venu. Au contraire, un moteur qui fera des obstacles et des échecs une source de motivation supplémentaire. Cela s'appelle la raison d'exister.

Acquis

Rien n'est jamais acquis, tout est sans cesse remis en cause, doit en permanence être revu. C'est plus vrai que jamais dans l'entreprise. La famille Holder des boulangeries Paul en a fait une devise : « Ce qui marche est déjà dépassé. »

Actualité

Les médias, et encore plus avec les réseaux sociaux, font parfois de nous des accros à l'actualité. Cela prend des proportions maladives chez certains, obnubilés qu'ils sont par le dernier buzz. Pour les plus accros au téléphone portable on parle même de nomophobie.

Et pourtant, de quoi nous souvenons-nous vraiment un an plus tard ? De l'écume des choses. C'est bien pour cela que Jean Anouilh clamait : « Les nouvelles, moi, ça ne m'intéresse pas. D'abord, le lendemain elles sont vieilles. » Nous devrions donc sans cesse nous rappeler ces mots de Montherlant : « La vraie actualité, c'est l'éternité. »

Bien sûr il faut se tenir informé de la marche du monde, mais il ne faut pas y passer trop de temps non plus, un temps bien mieux investi dans l'action pour changer les choses.

Adaptation

Dans le contexte actuel de mutation profonde, il y a deux façons de voir les choses et donc deux catégories d'individus :

Ceux qui continuent comme avant et sont spectateurs.

Ceux qui ont changé de comportement et s'adaptent pour être acteurs du changement.

À quelle catégorie appartenez-vous ?

« À chaque grande révolution, c'est darwinien. Seuls 15 à 20 % de ceux qui sont en place survivent », selon le spécialiste de l'innovation Marc Giget. L'adaptation est une priorité vitale.

Agenda

« La différence entre un rêve et un projet, c'est une date » disait Walt Disney. L'agenda ne doit pas servir qu'à noter les rendez-vous avec les autres. Il est aussi là pour organiser les rendez-vous avec soi-même, ceux qui vont faire avancer les projets dans lesquels nous sommes engagés.

Dans la gestion du temps, une des erreurs les plus courantes est de ne pas s'arrêter, de ne pas prendre du recul pour caler dans le temps les échéances des projets en cours. La procrastination vient alors naturellement se glisser et la productivité s'effondre.

Plus on a de responsabilités, plus le rendez-vous de travail sur l'agenda lui-même est indispensable pour l'optimiser au mieux tout en prenant en compte les multiples sollicitations. Dans ce dernier exercice, savoir dire non est essentiel.

Agilité

Selon le *Petit Larousse*, est agile celui qui manifeste de l'aisance et de la souplesse. Dans un environnement qui se modifie à vitesse accélérée, l'agilité est une qualité requise en entreprise. Elle doit inspirer les processus comme les comportements, de sorte à permettre à l'entreprise de s'adapter en permanence aux nouvelles exigences du contexte et de saisir les opportunités nouvelles. Juste prendre garde de ne pas tomber dans la volatilité.

Agir

« Nous sommes nés pour agir », a écrit Montaigne. « Un homme est la somme de ses actes, de ce qu'il fait, de ce qu'il peut faire. Rien d'autre », pour André Malraux.

Le chemin s'éclaire dans l'action. On peut agir de trois façons différentes : par instinct, après un processus intellectuel, par intuition.

Dès que nous cessons d'agir, dès que nous baissons les bras face à l'obstacle ou la difficulté, nous perdons notre temps. Ne plus agir, c'est ne plus créer, ne plus imaginer, ne plus rien changer. C'est au contraire baisser les bras, céder à la facilité, à la faiblesse, accepter la banalité. Ainsi, pour moi, le bonheur est véritablement dans l'action.

Il ne s'agit pas de tomber dans l'excès qui finit par engloutir toutes nos forces. Savoir s'arrêter, respirer, profiter de l'instant présent est essentiel. Mais comme l'a dit Jean-René Huguenin dans son indispensable journal : « C'est dans les moments où l'on se donne le moins que l'on se dépense le plus. »

Dans tous les cas, derrière la réussite il y a toujours un homme ou une femme qui travaille plus pour réussir. Il ne faut pas se leurrer. Certains voudraient être à 25 ans dans la situation professionnelle et matérielle de leurs aînés de 45 ou 50 ans. Vingt-cinq ans de travail les séparent.

Aimer

« L'essentiel c'est d'aimer. » Une citation retenue lors d'une de mes plus belles rencontres : celle de sœur Emmanuelle et de son énergie. Une entrée qui surpasse bien des autres de cet abécédaire.

Alimentation

Nous sommes ce que nous mangeons. J'ai compris tardivement toute l'importance de cette évidence et tout le bien que l'on peut se faire à bien s'alimenter pour être et rester en forme.

Je ne suis évidemment pas un spécialiste de ces questions et c'est à chacun de mettre au point sa pratique personnelle pour atteindre le bon équilibre. Dans tous les cas un mantra est utile : mangez moins et bougez plus !

Alliés

S'il y a un outil à maîtriser dans l'entreprise pour réussir le changement, c'est la stratégie des alliés. On ne fait jamais rien seul, on ne peut pas porter un projet seul, il faut s'entourer d'alliés qui seront là au bon moment pour soutenir un projet et faire basculer une majorité. Plus l'organisation est grande, plus il en faut des solides à différents niveaux, des dirigeants aux hommes sur le terrain.

Quand un projet est difficile, questionné, le faire basculer grâce aux bons alliés au moment voulu est un vrai plaisir.

Ambition

« L'ambition, c'est pour se distinguer des autres » estime l'écrivain Gao Xingjian. Sans ambition, que fait-on dans la vie ? Elle doit cependant passer par le respect des autres et de soi-même. Montesquieu prévenait que l'homme peut devenir malheureux s'il en est dévoré. Quant à de Gaulle, il ne voyait dans l'ambition individuelle qu'une passion enfantine. Seules les ambitions collectives trouvaient grâce à ses yeux.

Apathie

À cette entrée, juste se souvenir des mots du pasteur Martin Luther King : « La plupart d'entre nous n'aurons pas à nous repentir pour un grand méfait, mais simplement pour la grande apathie qui nous empêche de faire quelque chose. »

Apprendre

« Il n'y a pas de joie plus haute que celle d'apprendre et de produire. » Cette phrase ne m'a plus jamais quitté depuis que je l'ai entendue dans la bouche de Michel Serres, dans l'émission *La Marche du siècle* le 6 février 1991 sur France 3. Et quelle ne fut pas ma joie de parler avec lui presque vingt-cinq ans plus tard de cette émission qui l'a fait connaître du grand public. Rencontre inoubliable.

Apprendre, toujours et encore, pour ensuite changer les choses fort de cet apprentissage. Et comme le disait Lichtenberg, « se demander sérieusement tous les soirs ce que le jour nous a fait apprendre de neuf ». Si vous n'avez rien appris, ne vous couchez pas !

« Que sais-je ? » était la seule citation en français au château de Montaigne : une question que l'on peut se rappeler sans cesse.

Archives

Une statistique dit que plus de 80 % des éléments archivés ne sont plus jamais consultés. Dont acte.

Art

L'art comme une bouffée d'oxygène dans un quotidien professionnel éreintant… « Si l'art est une nécessité vitale, c'est que l'homme ne peut se satisfaire de sa vie réelle », explique Fred Vargas. L'art, ça commence un jour par la rencontre avec une œuvre, quelle qu'elle soit. Et là il n'y a qu'un critère : la chair de poule ! Une œuvre qui subjugue, émerveille, emporte. Une œuvre qui interpelle, questionne, ouvre des portes. Et une fois ces portes enfoncées, le voyage est sans fin, d'une œuvre à l'autre, d'une discipline à l'autre. Il suffit d'un déclic initial, d'un appel, d'une invitation. Après, le curieux prend goût à cette fréquentation car, comme le disait Alain, « tous les arts sont comme des miroirs où l'homme connaît et reconnaît quelque chose de lui-même qu'il ignorait ». Le choc émotionnel qu'il procure nous conduit à une lecture décalée du monde. Il aide l'homme d'action à prendre du recul. Au-delà, face à nos vies éphémères, l'art donne parfois l'impression d'arrêter le temps.

Aujourd'hui

Avec son apostrophe, c'est un des plus beaux mots du dictionnaire. Dites-vous qu'aujourd'hui est le premier jour du reste de votre vie. C'est ce que chante Étienne Daho dans *Le premier jour*[1] :

« ... Pourquoi vouloir toujours plus beau
Plus loin plus haut
Et vouloir décrocher la lune
Quand on a les étoiles
Quand les certitudes s'effondrent
En quelques secondes
Sache que du berceau à la tombe
C'est dur pour tout l'monde
Rester debout mais à quel prix
Sacrifier son instinct et ses envies
Les plus confidentielles
Mais tout peut changer aujourd'hui
Et le premier jour du reste de ta vie
C'est providentiel... »

Il n'est tout simplement jamais trop tard pour commencer, recommencer, bien faire.

---

1. *Le premier jour*, paroles Étienne Daho, musique Guy Batson, Jonathan Male et Sarah Cracknell, 1998, Parlophone / Warner Music France.

Authenticité

Être authentique dans son comportement, ses paroles, ses actes, est le socle du savoir-être du leader. Cette authenticité doit être naturellement ressentie par ses interlocuteurs.

Le savoir-faire est incontournable. Mais le leader se distingue avant tout par son savoir-être humble et exemplaire.

Autodidacte

Les autodidactes qui réussissent inspirent le respect. « Ce qui distingue l'autodidacte de celui qui a fait des études, ce n'est pas l'ampleur des connaissances, mais des degrés différents de vitalité et de confiance en soi », explique Milan Kundera. Une évidente détermination se lit au fond de leurs yeux. Et comme leur culture est le fruit de leur expérience, elle apparaît effectivement plus vivante.

Autorité

La véritable autorité est celle qui grandit l'autre, selon Michel Serres.

Avance

« La seule façon d'être suivi, c'est de courir plus vite que les autres », disait Francis Picabia. Avoir un coup d'avance sur ses concurrents est incontournable.

Avant

Comme Jean d'Ormesson, à plus de 90 ans, « réprouver la formule "C'était mieux avant". Quand j'avais quinze ans, c'était pire... » D'une façon ou d'une autre c'était pire avant.

Avenir

Demain vous appartient et sera ce que vous en ferez. Inutile de chercher une prédiction pour votre avenir. Pour Peter Drucker, « le meilleur moyen de prédire le futur est de l'inventer ». « Rien n'est absolument révolu, acquis, déterminé, ni l'affliction, ni le bonheur ; tout est en suspens et en formation, perpétuellement corrigé par l'avenir », selon Jacques Chardonne.

On oublie trop souvent que la vie est en mouvement, que rien n'est figé, que les circonstances extérieures s'immiscent et peuvent changer une situation que l'on imagine à tort bloquée.

Dans l'entreprise très souvent, les gens idéalisent le passé, se plaignent du présent et craignent l'avenir. C'est un grand classique. On se projette plus facilement négativement dans le futur que positivement. L'art du leader est de créer un futur possible et mobilisateur dans le présent.

Avis

Je me dis souvent que l'avis des autres ne fait pas ma vie. Bien sûr je suis preneur des avis éclairés de ceux qui m'entourent et sur qui je compte. Mais à un moment ce qui fait la différence est bien de synthétiser, de trancher et d'aboutir à un choix personnel assumé.

b

Biais

« Un biais cognitif est un schéma de pensée trompeur et faussement logique. Cette forme de pensée permet à l'individu de porter un jugement, ou de prendre une décision rapidement. Les biais cognitifs influencent nos choix, en particulier lorsqu'il faut gérer une quantité d'informations importantes ou que le temps est limité. Il se produit ainsi une forme de dysfonctionnement dans le raisonnement. » Source : <https://www.usabilis.com/definition-biais-cognitifs/>.

Il existe 250 biais qu'il est intéressant de débusquer au quotidien. Un des plus courants : le biais de confirmation, qui fait que l'on repère avant tout les signes qui confortent un raisonnement, mais détournent de la remise en cause.

Bien

Quand tout va bien, tout va mal ! Ou plutôt quand tout va trop bien, que le confort et la routine se sont installés, l'entreprise n'est pas loin d'aller mal. La descente aux enfers peut être rapide. Ne jamais baisser la garde et sa vigilance, toujours veiller à sortir de sa zone de confort.

Bien-être

L'aménagement du lieu de travail est important pour l'épanouissement des collaborateurs. Le bien-être professionnel finit par produire de la valeur. « Un salarié malheureux trouve des problèmes, un salarié heureux trouve des solutions », résume Stéphane Treppoz, alors patron de Sarenza.

Autant les grandes entreprises et les startups y prêtent une attention particulière, autant certaines PME négligent l'harmonie du lieu de travail. Or l'aménagement biophile, c'est-à-dire inspiré de la nature avec lumière solaire, plantes vertes... augmenterait nettement la productivité des employés.

Bibliothèque

Certains ne voient dans une bibliothèque qu'un amoncellement d'objets inutiles et encombrants ramassant la poussière. D'autant plus avec le développement du livre électronique. Elle est pourtant indispensable à l'homme d'action. Comme Julien Green, j'y vois plutôt « le carrefour de tous les rêves de l'humanité ». Pour Thomas Carlyle, « la véritable université, de nos jours, est une collection de livres ». Une bibliothèque dessine physiquement le portrait de son propriétaire. C'est encore un rempart. « Quand il y a un mur de livres dans une pièce je me sens à l'abri. Plus sûre que derrière n'importe quelle porte blindée», disait Jeanne Benameur. Quant à Cicéron, il était formel: «Si vous possédez une bibliothèque et un jardin, vous avez tout ce qu'il vous faut.»

Bilan

«Les deux choses les plus importantes n'apparaissent pas au bilan de l'entreprise: sa réputation et ses hommes.» Dixit Henry Ford.

Blablas

«Pas de blablas, des résultats.» Telle était une des formules fétiches de la navigatrice Florence Arthaud, exprimée à sa disparition par son ami Eugène Riguidel. Elle devrait inspirer plus d'une entreprise qui s'est éloignée de ce basique.

Blues

Le chef d'entreprise peut traverser des moments de grande solitude, de doute, d'interrogations essentielles. Ils sont difficiles à vivre. Il ne faut pas les autoalimenter. Ce n'est pas courant de le dire mais c'est une réalité.

Au creux de la vague je repense souvent à cette formule d'Henri Michaux: «Ne désespérez jamais, faites davantage.»

Agir plus et mieux est la seule manière de reprendre le dessus.

Bon sens

Le bon sens serait la chose la mieux partagée au monde. La vie permet chaque jour d'en douter tant nous excellons à compliquer les choses simples. Pourtant, comme le disait Charlie Chaplin, « le point de vue le plus simple est toujours le meilleur ». C'est si vrai que plus d'une idée de génie est née d'un réflexe de bon sens.

Voilà une valeur clé à cultiver dans un projet d'entreprise.

Boxe

Je ne suis pas amateur de boxe, mais j'ai constamment en tête une image qui y est attachée : le boxeur qui remonte sur le ring.

Le manager, le chef d'entreprise prend des coups, souvent, régulièrement. Ce qui fait la différence entre les uns et les autres réside dans la capacité rapide à remonter sur le ring après avoir pris un coup, subi un revers.

Cela suppose un mental d'acier, une bonne forme physique, une capacité d'endurance. Et la force de ne pas montrer ses souffrances à ceux dont il est le leader.

Bureau

Comment simplement organiser son bureau ? Comment organiser ses dossiers pour être efficace ?

En ce qui me concerne, ma table de travail est totalement vide de tout dossier le soir. Elle ne comprend que mon ordinateur, mon téléphone, mon pot à crayons et une bannette d'entrée qui doit elle aussi être vide le soir.

À cette entrée il faut encore se remémorer le secret de ce vieux chef d'entreprise : ne pas rester derrière son bureau, car l'argent n'est pas là. Il faut sortir et aller au contact des clients aussi souvent que possible.

C

Cap

« L'art de tenir debout, de maintenir le cap, suppose précisément un horizon plus heureux vers lequel se diriger. » Rien à ajouter à ces mots d'Alexandre Jollien, si ce n'est que c'est particulièrement par gros temps qu'il faut montrer et maintenir le cap.

Carnet d'adresses

Le carnet d'adresses est bien sûr un outil de base pour l'homme d'action. Mais celui dont il est question ici est le carnet parfaitement à jour, modifié en permanence de sorte à disposer quand il faut du bon contact. Et selon les circonstances on doit pouvoir disposer de toutes les façons d'entrer en relation avec quelqu'un : de son portable, de son mail, du numéro de son assistante, éventuellement de son numéro personnel, voire de quelques notes.

Pour répondre à cet objectif, rien de plus efficace que de disposer d'un carnet synchronisé entre tous ses supports de travail : mobile, tablette, ordinateur. Il est aussi plus facile de faire ses mises à jour sur grand écran.

Être en mesure, où que l'on soit, de contacter la bonne personne, via la bonne méthode, n'a pas de prix dans l'action.

Carpe diem

Cette formule d'Horace signifie « cueille le jour sans te soucier du lendemain ». À cette entrée viennent immédiatement à l'esprit les images du film *Le cercle des poètes disparus* avec Robin Williams, dans lequel de jeunes étudiants découvrent la puissance du « carpe diem ». Savoir faire une pause dans un quotidien frénétique est vital à l'homme d'action. Il y va de son équilibre. Revenir régulièrement à l'essentiel.

Vivre avec enthousiasme l'instant présent n'est-il pas une des clés d'une vie réussie ?

Carrière

Dans notre parcours, nous prenons chacun une poignée de grandes décisions qui vont marquer notre destin. Celles qui orientent notre carrière en font partie.

Il n'existe évidemment pas de conseil parfait dans ce domaine. Un point important est de bien se connaître, pour faire des choix conformes à ses envies les plus profondes.

Et à ce niveau je garde toujours en tête le conseil du général de Gaulle : « Le plus dur n'est pas de sortir de Polytechnique, c'est de sortir de l'ordinaire. » La singularité, ajoutée au travail, fera toujours la différence.

Caserne des pompiers

Dans toute entreprise on devrait appliquer le principe de la caserne des pompiers. Quoi qu'il fasse, quand sonne la sirène, le pompier abandonne sa tâche et part au secours de ceux qui en ont besoin.

Il devrait en être de même dans l'entreprise quand le client se manifeste : lui donner la priorité dans l'organisation et faire en sorte qu'il obtienne rapidement la bonne réponse par rapport à ses attentes.

Or ce n'est pas toujours le cas et certains signes ne trompent pas quand :

- Le client irrite.
- L'équipe est dans le confort.
- On est dans la réunionite sans résultats.
- Les problèmes sont minimisés.
- Les mauvais résultats sont justifiés.
- L'encadrement a déserté.
- Il n'y a plus d'exigence...

Attention, danger !

Centenaire

Nous sommes à une époque qui observe beaucoup les jeunes pousses. Pourtant, analyser pourquoi certaines entreprises sont devenues centenaires est d'une grande utilité. Selon la *Harvard Business Review*, qui en parle régulièrement :

- Elles sont frugales dans tous les domaines.
- Elles sont capables d'innover sans négliger le quotidien.
- Elles développent un pacte social privilégiant la reconnaissance et le droit à l'erreur.
- Leurs dirigeants durent plus longtemps et puisent dans le passé pour dessiner l'avenir...

Chance

En France, on parle de prendre son risque. Aux États-Unis, on parle de prendre sa chance, « *take a chance* ». Tout est dit sur notre état d'esprit d'entrepreneurs.

Changement

« Le monde déteste le changement, c'est pourtant la seule chose qui lui a permis de progresser. » Charles F. Kettering.

Le changement est le propre de l'homme d'action. Encore davantage dans un environnement en mutation accélérée sous la pression des crises et des innovations technologiques.

Le chef d'entreprise qui n'adapte pas rapidement sa stratégie aux évolutions de son contexte est condamné à plus ou moins brève échéance.

Et il ne faut jamais oublier que le changement commence par soi : « Commencez par changer en vous ce que vous voulez changer autour de vous » conseillait Gandhi.

Dans les périodes de grand changement, quelques principes doivent être respectés :

- Écouter et partager : l'écoute du départ permet d'ajuster le plan d'action imaginé.
- Parler vrai et sincère, ne pas mentir sur la nature de la transformation : parler au rationnel mais aussi à l'émotionnel des interlocuteurs.
- Partager l'écart entre le niveau actuel de l'entreprise et le niveau après la transformation et donner envie de vivre ce changement :
  - Établir un constat précis de la situation.
  - Démontrer la nécessité incontournable du changement.
  - Visualiser les conséquences positives du changement (avec un exemple fort).

- Mettre noir sur blanc la méthode avec les étapes successives.
- Définir un calendrier précis.
- Rajouter l'émotion nécessaire pour la prise en compte claire de l'enjeu par tous.

• Agir vite : le dirigeant est le maître du temps, plus le changement s'étalera dans le temps, plus il pourra être difficile à vivre.
• Être encore plus exemplaire que jamais pendant la transformation : être aux côtés des troupes.
• Rester modeste, ne pas négliger les gestes symboliques, surtout au départ.
• Se préparer à résister au stress qui ne manquera pas de se présenter sur le chemin.

Chaos

Qui n'a jamais connu le chaos mental est infirme. Inutile d'en dire plus. Les épreuves rendent plus fort.

Chef d'entreprise

« On considère le chef d'entreprise comme un homme à abattre, ou une vache à traire. Peu voient en lui le cheval qui tire le char » selon Winston Churchill. Cette sentence est tellement vraie en France où entreprendre et réussir ne sont culturellement pas bien vus. Or ce sont bien les entreprises qui procurent du travail et créent la richesse d'une nation.

Le chef d'entreprise est avant tout celui qui fixe un cap et s'y tient. Il fait tout pour que son entreprise soit unique. Il cherche en permanence les relais de croissance pour la développer, pour construire la prochaine étape.

Le chef d'entreprise s'entoure des meilleures compétences pour la gérer. Dans ce sens il est un chef d'orchestre. Il sait obtenir le meilleur des autres et donne le ton. Il est donc le seul responsable d'une équipe qui ne fonctionne pas. C'est lui qui prend les risques les plus importants, il les assume.

Pour toutes ces raisons il est en tension permanente, vigilant, curieux, à l'affût, pour conserver l'entreprise elle-même sous tension.

Pour durer, il s'agit avant tout de :

- Développer les revenus qui doivent avoir la priorité sur la réduction des coûts, qui reste néanmoins elle aussi indispensable.
- Chercher une différenciation autre que celle des prix.

Chaque chef d'entreprise a son propre style de management et son processus de décision, autant de points à identifier clairement.

Robert Fitzpatrick, ancien PDG d'Euro Disney, avait une règle d'or : « Chaque fois que je vais faire quelque chose, je me demande en quoi cela sera différent de ce qui existe. »

Chef-d'œuvre

C'est une œuvre qui coupe le souffle. C'est une œuvre qui suffit à justifier qu'on ait vécu jusque-là pour la découvrir, comme dit André Comte-Sponville.

Et dans une vie nous avons plus besoin de moments où le souffle est coupé que de respirations ordinaires... Ces moments rythment aussi la vie de l'homme d'action.

Choisir

« On a toujours le choix. On est même la somme de ses choix », estime l'écrivain Joseph O'Connor. J'en suis convaincu.

À notre époque, dans l'entreprise, nous sommes à l'ère des choix radicaux, de la capacité à remettre en cause rapidement les choix passés. Les dirigeants doivent être en capacité de réorienter rapidement l'entreprise quand l'environnement se transforme vite. Mais sans jamais oublier les valeurs de l'entreprise.

Client

Le client est le vrai patron de l'entreprise. « L'entreprise est élue tous les jours par ses clients », répétait François Michelin. Combien d'entreprises se sont perdues à s'être écartées de cette évidence ! L'actualité regorge d'exemples.

Sur ce plan, difficile de trouver mieux que le credo pour le client de Sam Walton, fondateur de Walmart, numéro un mondial de la grande distribution :

« Pensez comme le client.
Vendez au client ce qu'il souhaite acheter.
Proposez des produits au meilleur rapport qualité/prix.
Assurez-vous que le client passe un moment agréable.
Dépassez et devancez les attentes des clients. »

Clonage

Un des plus grands risques du manager est de recruter des clones et ne pas retenir de profil différent, capable d'apporter à l'équipe bien plus que le énième profil similaire. Pour rester leader il est indispensable de recruter des gens hors du cadre habituel.

Co

Le monde qui vient sera CO- ! L'avenir sera à la collaboration, la coopération, la codécision, la co-construction, la cocréation, le co-développement, la co-responsabilité, le consensus, la convergence, la cohérence pour plus de collectif et de cohésion, à la coopérative comme modèle économique. Un collectif d'autant plus important que nous avons besoin d'impacts plus forts.

Chacun sent bien que les méthodes du passé ont atteint leurs limites. Que trop souvent nous sommes enfermés dans des postures. Qu'on innove moins. Que l'on reste dans sa zone de confort. Que l'on vit sur ses acquis. Que l'on prend moins de risques que fut un temps alors que le principe de précaution envahit le quotidien. Seule façon de s'en sortir : une nouvelle vision plus collective et plus collaborative.

Coach

Le coach est devenu un conseiller personnel à la mode ces dernières années. Ma pratique me conduit à dire qu'on ne réussit pas tout seul, qu'on n'avance pas tout seul dans sa carrière. Au travail on a besoin d'une équipe rapprochée compétente, efficace et de confiance, comme dit plus loin. À titre personnel j'ai besoin à intervalle régulier de prendre du recul et de me regarder dans un miroir. C'est à ce moment que le coach peut intervenir. Pour aider à porter un regard extérieur sur un quotidien souvent prenant, mettre les choses en perspective, ou simplement poser des questions auxquelles on apportera soi-même des réponses pour avancer.

Et une fois qu'on y a goûté, incontestablement on se prend au jeu de l'amélioration de soi. Bien sûr il faut choisir avec attention le coach, cibler ses besoins, ne pas abuser de cet accompagnement ponctuel.

Certains vont encore plus loin et font appel à un mentor, un pair qui est déjà passé par les expériences qu'on a à vivre. Il n'y a pas d'école pour le métier de patron. L'échange d'expériences est toujours formateur.

Cohérence

Agir de manière cohérente dans la durée. Facile à écrire mais fondamental.

Collaboratif

Comment se comporte le leader à l'ère du collaboratif ?

- Il croit en la puissance de l'équipe.
- Il partage très ouvertement l'information et la connaissance.
- Il encourage la créativité, voire donne du temps pour.
- Il favorise l'évolution des missions et des responsabilités.
- Il encourage en permanence, se faisant coach des collaborateurs.

Toutefois, le management collaboratif ne peut pas faire l'économie de quelques ingrédients du management plus classique : un cap clair et partagé, un cadre sur ce qu'on peut faire ou pas, la présence d'un leader qui exerce l'autorité si nécessaire...

Commerce

Un métier passion, un métier différent chaque jour, un métier qui suppose d'aimer, d'écouter et de respecter ses clients avant tout.

Il y a quelque temps, certains pensaient que le commerce alimentaire basculerait aussi majoritairement sur

Internet. Il n'en est rien. Sa part a grandi ces dernières années, mais le commerce alimentaire continue à se faire avant tout en magasin physique. Les crises que nous venons de traverser, celle du Covid-19, de la guerre en Ukraine et de l'inflation qui en ont découlé, ont une fois de plus prouvé la résilience de ce que j'appelle le carrelage. Tout simplement parce que les magasins sont des lieux de vie, de sociabilisation, et il y sera toujours plus agréable d'y choisir son filet de poisson et ses légumes qu'en ligne.

Communiquer

Côté émission d'un message, le manager doit se rappeler en permanence qu'il y a de grandes différences entre : ce que je veux dire, ce que je dis, ce que le collaborateur entend, ce qu'il écoute, ce qu'il comprend, ce qu'il retient, ce qu'il va faire.

Côté réception, le coach suisse Jacques Laub invite à passer toute communication au filtre de trois questions : Est-ce aimable ? – Est-ce vrai ? – Est-ce nécessaire ?

Il existe par ailleurs plusieurs prétextes pour le manager pour communiquer :

- Les entretiens individuels.
- Les entretiens d'évaluation.
- Les briefings quotidiens, hebdomadaires...
- Les réunions de travail.
- Les séminaires événementiels.

Ne pas oublier que communiquer, ce n'est pas seulement ce que l'on dit, mais aussi la manière dont on le dit, ce que l'on paraît et ce que l'on fait. Parfois un bon comportement vaut mieux qu'un long discours.

Compétences

Pour continuer à s'adapter, les entreprises ont en permanence besoin de développer de nouvelles compétences, en les apprenant ou en recrutant les profils adaptés qui sauront les diffuser dans l'entreprise.

Parmi ces compétences clés du moment on peut relever :

- La collaboration.
- L'intelligence relationnelle.
- L'agilité.
- Les compétences interculturelles si le contexte le nécessite.
- La capacité d'analyser des données complexes.
- L'intégration de l'intelligence artificielle.
- L'originalité, la faculté à sortir du moule.
- Sans compter la question de donner du sens aux mutations en cours.

Compétition

L'entreprise est une compétition permanente et sans fin aux résultats, entre les hommes, à la reconnaissance. Il faut être prêt à l'affronter. Il faut même parler d'hyper-compétition souvent. Particulièrement exacerbée quand la structure est grande. J'ai toujours cru que d'autres modèles sont possibles, et ce petit livre tente d'en témoigner.

Comprendre

Ne plus tout comprendre mais diriger quand même. Certains collaborateurs en savent parfois bien plus que le manager. Peu importe ! Se fier à l'intelligence collective et en tirer le meilleur. La mission du manager est d'atteindre les objectifs de l'entreprise et non pas de tout savoir et tout maîtriser.

Concurrence

Les entrepreneurs qui rêvent d'y échapper font fausse route. Tôt ou tard on est copié, qui plus est quand on a du succès. La concurrence est le propre de la vie sur Terre. Le monde animal en sait quelque chose. Le monde politique aussi. Aucune entreprise n'y échappe.

En revanche, « on ne cite jamais ses concurrents ». Un conseil d'un de mes éminents confrères européens de la distribution.

Confiance

C'est une valeur socle de tout projet d'entreprise. Il est impossible de construire ensemble sans confiance réciproque à la base.

Une fois la confiance trahie, la séparation s'impose.

Conflit

Résoudre un conflit entre deux personnes n'est pas toujours simple. Un peu de méthode peut aider. Le recours à la description DESC par exemple :

- Décrire la situation en détail.
- Exprimer clairement ses sentiments.
- Suggérer une alternative à la situation.
- Conclure en ayant eu besoin de convaincre dans certains cas.

Confort

La nature humaine est ainsi faite qu'elle déteste sortir de sa zone de confort, cet environnement douillet où tout est connu, balisé, routinier. Or c'est à l'extérieur de cette zone que se passent les grandes choses, les nouveautés, que la vie peut prendre une nouvelle dimension.

Veiller à chaque instant à sortir de sa zone de confort. C'est le grand message transmis par le Youtubeur Inoxtag dans son film *Kaizen*, qui a fait beaucoup parler de lui.

Connaissance de soi

« Au fond, la vraie réussite, c'est d'aller au bout de soi-même. On trouve la paix quand sa vie coïncide avec son rêve. S'il y avait une éducation à donner aux enfants, ce serait de les aider à retrouver et à développer ce pour quoi ils sont nés. » Synthèse parfaite de l'artiste Julos Beaucarne.

La connaissance de soi est un préalable à la transformation personnelle, c'est le plus utile passeport pour la vie. Connaître les schémas acquis pendant l'enfance, ses valeurs, ses forces, ses faiblesses, ses motivations et ambitions les plus profondes est le socle indispensable pour définir une raison d'exister et ensuite construire son avenir.

Cet accouchement ne va pas sans douleur. « Si tu veux te trouver, commence par te perdre », pensait Jacques Lanzmann. Il faut accepter la confrontation avec soi-même, y accorder du temps, prévoir des allers-retours. Cette quête dure toute la vie et nécessite des ajustements réguliers.

Quand cette connaissance nous conduit à devenir le vrai capitaine de notre âme, la sérénité n'est plus très loin.

De manière concrète, chacun peut se poser ces questions :

- Quelles sont mes valeurs ?
- Quelles sont mes forces et mes faiblesses ?
- Quelles sont mes priorités dans la vie ?
- Quels sont les freins qui m'empêchent de les réaliser pleinement ?
- Quelle est ma raison d'exister ?

Contact

« Le monde actuel se construit sur le dépassement de ses frontières. Désormais, le contact est plus important que la séparation ; l'échange, plus enrichissant que la juxtaposition ; la confrontation, un moindre risque que l'indifférence et l'isolement », assurait Carlos Ghosn. Ne jamais couper le contact, ne pas céder à la tentation de la faiblesse, toujours finir par se parler.

Contexte

L'homme d'action a en permanence en tête les éléments du contexte impactant son entreprise et son activité.

Il est utile de replacer l'évolution de la mission des entreprises dans une perspective historique :

- Jusque dans les années soixante, c'était l'ère de la production et de l'offre avec des représentants emblématiques comme Ford ou Sony.
- Entre les années soixante et quatre-vingt-dix, cela a été l'ère de la distribution et de la demande. C'est la période où Carrefour, Leclerc et Coopérative U se sont développés en France.
- Entre 1990 et 2010 nous avons vécu l'ère de l'information sous l'impulsion de l'informatisation. Cette période aura vu la naissance de Google ou d'Amazon.
- Depuis 2010, fort d'un pouvoir retrouvé à l'âge de l'information, c'est l'ère du consommateur tout-puissant. Le smartphone est l'outil pratique de sa puissance. Il bouscule les entreprises, fort de son influence dans les réseaux. L'expérience client sera fondamentale à l'avenir.

- Et maintenant est arrivé le temps de l'intelligence artificielle, plus importante de toutes les révolutions industrielles selon certains.

Le terreau du nouveau monde en train de naître se trouve aussi dans :

- La révolution culturelle de 1968.
- La mondialisation de l'économie.
- La révolution financière des années quatre-vingt.
- L'essor mondial d'une société numérique : c'est la troisième grande révolution sociétale après celles de l'écriture et de l'imprimerie.
- La connexion permanente au monde : on est toujours connecté, il n'y a plus de rupture.
- La nouvelle organisation du travail due à ces technologies.
- De nouvelles envies après la crise du Covid-19.

Les tendances de fond qu'on peut retenir actuellement :

- Un phénomène global d'accélération des transformations.
- Dans un monde géopolitiquement plus fragmenté.
- De nombreux modèles traditionnels sont remis en cause sans que l'on sache encore en détail comment ils s'organiseront demain.
- On passe de la consommation et de la possession à l'usage dans de nombreux domaines.
- L'allongement de la vic et le vieillissement de la population et toute la dimension santé afférente.
- Le développement spectaculaire de l'intelligence artificielle.
- Sur fond de changement climatique qui s'accélère.

Un contexte qu'il faut perpétuellement mettre à jour pour s'y adapter en connaissance de cause.

Contrainte

Tout n'est pas négatif dans le fait de se retrouver face à des contraintes fortes, ce qui somme toute est le quotidien de la majorité des entreprises. Tout le monde n'est pas Google, pour lequel le chiffre d'affaires et la marge ne font pas partie des objectifs des managers m'a-t-on dit un jour. Cette situation de moyens pléthoriques est exceptionnelle.

Un monde sous contrainte est un monde sous tension qui innove avec des micro-solutions, un grand système D qui peut être riche de nouveautés.

Contrôler

Une des faiblesses courantes du manager, et par ricochet de toute l'entreprise, est de ne pas contrôler ce qui a été mis en place. Contrôler les étapes clés, la qualité d'exécution, les écarts entre le prévu et le réalisé, le délai. Ce n'est pas tout de lancer un projet ou de déléguer une tâche, il s'agit par la suite de contrôler avec soin la réalisation. Seules les organisations qui contrôlent progressent.

« Faites confiance mais vérifiez », rabâchait le président américain Ronald Reagan à ses collaborateurs.

Convivialité

La dimension relationnelle est en perte de vitesse dans certaines entreprises : il y a moins de moments de convivialité, car ils sont parfois considérés comme du temps perdu dans un environnement où prédominent la productivité et le temps efficace. Or la convivialité renforce l'ambiance chaleureuse, la connaissance des uns et des autres et au final la capacité de collaboration.

À cette entrée il faut également signaler la moindre participation des jeunes générations aux traditionnels repas de Noël et autres événements d'entreprise. Beaucoup ont désormais du mal à consacrer du temps à l'entreprise, fût-il de convivialité, à partir du moment où il n'est pas rémunéré. Dommage car dans ces moments il n'y a certes pas de rémunération mais chacun y gagne largement en partage et connaissance des collègues et de l'entreprise.

Force est de constater le savoir-faire des entreprises du numérique dans ce domaine qui ont largement su réinventer les moments de convivialité dans leurs organisations, plannings et autres aménagements physiques. Toutes les entreprises n'ont malheureusement pas de grands moyens, mais à moindre échelle on peut s'en inspirer.

Coopérative

J'en dirige une. Quelle que soit sa forme, de clients, d'associés, d'agriculteurs, c'est pour moi la forme la plus aboutie du capitalisme. On est ensemble pour l'indépendance et en même temps pour la force de l'association, pour la solidarité, pour la vision à long terme, pour la proximité, pour l'implication de ses membres, pour un mode de fonctionnement transparent et démocratique. On travaille ensemble pour des intérêts communs et pas pour ceux des actionnaires lointains qui attendent une seule rentabilité.

Copier

« Copier, ça fait penser », disait Alain.

« Tous les hommes prétendent se faire eux-mêmes sans l'aide de personne mais tous se pillent et se dévalisent effrontément : styles de vie, manières de se vêtir, de parler, mœurs amoureuses, goûts culturels, on ne s'invente jamais sans s'affilier à des standards dont on s'arrache peu à peu comme d'une gangue. Se créer c'est d'abord copier : à chacune de mes pensées, chacun de mes gestes, j'expérimente l'empreinte d'autrui en moi. » Dixit Pascal Bruckner.

Il en va évidemment de même dans le monde de l'entreprise, où chacune s'épie à la recherche de la nouvelle tendance, du nouveau produit phare. Les grands acteurs de la téléphonie, de l'informatique, se copient allègrement en permanence. Mon métier, la grande distribution, en est l'exemple emblématique.

Courage

« La volonté ne porte que sur ce qui dépend de moi. Tout ce qui ne dépend pas de moi ne ressortit pas de la volonté mais de la lucidité. L'union de la volonté et de la lucidité, de la prise de conscience du danger ou de la détermination à affronter la situation avec ses propres armes s'appelle le courage. Le courage qui permet d'affronter la peur » selon le consultant et écrivain Bruno Jarrosson.

Plus précisément pour André Comte-Sponville, le courage est « la vertu qui affronte le danger, la souffrance, la fatigue, qui surmonte la peur, la plainte ou la paresse. C'est la vertu la plus universellement admirée sans doute depuis le plus longtemps, et d'ailleurs (avec la prudence) l'une des plus nécessaires. Toutes les autres, sans courage, seraient impuissantes ou incomplètes. »

« Être courageux, c'est dire les choses, agir, puis tenir bon, tenir tête. Il faut s'engager personnellement dans ce qu'on entreprend. On ne peut pas être courageux par procuration » selon Patrick Pouyanné.

Personnellement je suis le plus admiratif du courage quotidien, celui qui permet d'affronter nos vies routinières et répétitives, d'accomplir des tâches dans l'anonymat de l'entreprise, jour après jour. C'est possible quand il y a un projet profond qui guide l'action.

Du courage, aussi important que l'enthousiasme et l'humour.

Court terme

Gérer le seul court terme est un des défauts les plus courants du dirigeant. Dans un environnement exigeant, il est vite happé par le quotidien, au détriment du travail de fond sur la stratégie, l'innovation, la conquête de nouveaux clients, le contact avec ses troupes.

Créativité

Juste se dire que le savoir est dans la tête des collaborateurs et qu'il s'agit de tirer le meilleur parti de cette intelligence collective.

Créer

« Créer ou crever » était la devise de Romain Rolland. « Il faut faire aujourd'hui ce que tout le monde fera demain » pensait Jean Cocteau. Pour Georges Duhamel « le monde est créé pour être recréé. » Au minimum, créer c'est résister. Résister au temps qui passe, à la routine, à la banalité. Pour créer, selon Thomas Edison, il faut « un pour cent d'inspiration et quatre-vingt-dix-neuf pour cent de transpiration ». Pour Dali, il ne faut pas craindre de copier : « Ceux qui ne veulent imiter personne ne créent jamais rien. » Créer ne va pas de soi. Claude Allègre prévient : « La première qualité d'un créateur, c'est le courage. Le courage d'affronter le scepticisme, le conformisme et, finalement, la jalousie. »

Crise

En général, « ce qu'on nomme une crise n'est que la longue et difficile réécriture qui sépare deux formes provisoires du monde », pour Jacques Attali. Traverser une crise oblige à mettre en œuvre des ressources nouvelles, parfois insoupçonnées. C'est un moment qu'il ne faut pas craindre mais à partir duquel il s'agit de rebondir. Chateaubriand en était convaincu : « La Révolution m'a fait comprendre cette possibilité d'existence. Les moments de crise produisent un redoublement de vie chez les hommes. Dans une société qui se dissout et se recompose, la lutte des deux génies, le choc du passé et de l'avenir, le mélange des mœurs anciennes et des mœurs nouvelles, forment une combinaison transitoire qui ne laisse pas un moment d'ennui. Les passions et les caractères en liberté se montrent avec une énergie qu'ils n'ont point dans la cité bien réglée. »

En particulier l'entrepreneur doit être prêt en permanence à affronter une crise susceptible d'affecter d'un instant à l'autre son entreprise. Avec les médias et les réseaux sociaux, l'impact est amplifié rapidement.

Être prêt suppose d'avoir réfléchi à des scénarios de crise potentiels et à la bonne organisation pour y réagir. Elle passe par les hommes concernés, la façon de les contacter, les moyens pour agir. La gestion de crise ne s'improvise en aucun cas. Des entreprises ont déjà perdu gros en ratant leur gestion d'une crise.

Bien penser que toute crise traverse plusieurs phases :

- L'émergence.
- Ce que j'appelle la lessiveuse : quand on est pris dans le tourbillon informationnel.
- La phase de réalisme pendant laquelle on met en place des réponses et des solutions, pendant laquelle on reste vigilant.
- La phase de recherche de leçons.

Croissance

Et dire que certains imaginent un monde sans croissance ou, pire, la décroissance. Cette dernière nous conduirait tout simplement à la guerre civile selon des spécialistes. Quant à imaginer un monde sans croissance, c'est refuser de voir le monde qui vient et les opportunités fantastiques qu'il recèle.

Théoriquement, l'entreprise n'a que trois façons de trouver de la croissance :

- La croissance organique : celle qu'elle construit par ses propres forces.
- Les alliances et partenariats : d'autres l'aident à la trouver.
- La croissance externe : elle se développe par des acquisitions.

Croyances

Au fur et à mesure que nos vies avancent nous sommes chargés de croyances qui sédimentent notre réflexion. S'en méfier au plus haut point.

Culture

Un vieux proverbe massaï résume ainsi les choses : « Un homme sans culture ressemble à un zèbre sans rayures. »

La culture, « c'est tout ce que les hommes ont imaginé pour façonner le monde, pour s'accommoder du monde et pour le rendre digne de l'homme. C'est ça, la culture : c'est tout ce que l'homme a inventé pour rendre le monde vivable et la mort affrontable. » Telle est la définition d'Aimé Césaire. Pour Jacques Duhamel, elle était « ce qu'il faut pour qu'une journée de travail soit une journée de vie ».

Elle renferme un sacré pouvoir. « La culture rend heureux parce qu'elle rend libre, qu'elle procure des moyens d'inventer sa vie. La réalité que présente la télévision, c'est une fiction. L'art contemporain invente en permanence des fictions, mais qui définissent la réalité. C'est le seul moyen aujourd'hui d'être un homme heureux, vif, de jouir vraiment de la vie », selon le journaliste et écrivain Fabrice Bousteau. Nous avons dix mille ans de culture derrière nous. Qu'en reste-t-il le plus souvent ?

Pour Julien Green, « nous nous trouvons aujourd'hui devant des jeunes qui s'ennuient parce qu'on ne leur a pas appris à réfléchir. Il y a un vide qu'ils n'arrivent pas à combler ; tout ce que la culture donnait et qui rendait la vie si intéressante. Tout ce qui faisait la richesse intérieure. Acquérir la culture demande beaucoup de travail, beaucoup d'efforts. Mais ça apprend à apprendre : savoir lire, savoir regarder. » Jean Guéhenno le confirme : « Toute vraie culture n'est qu'intérieure. »

La culture est un remède.

Culture d'entreprise

Je n'ai pas trouvé de meilleure définition que celle de Stéphane Treppoz, alors patron de Sarenza : « La culture d'entreprise, c'est ce à quoi les gens se réfèrent quand ils doivent prendre des décisions. »

Elle est le résultat d'une alchimie subtile entre l'histoire, les valeurs, le projet, les pratiques ou encore les rituels de l'entreprise. Plus la culture est forte, plus chacun sait à tout moment ce qu'il doit faire sans avoir besoin de le dire, plus l'entreprise est prospère.

Curiosité

« Savez-vous que ce mot vient du latin *cura*, qui signifie "le soin" ? Curatif, la cure, curieux... Le curieux est celui qui prend soin du monde», nous rappelle Erik Orsenna. En prenant soin du monde, le curieux prend soin de lui.

La curiosité provoque en effet des étincelles de bonheur qui nourrissent la vie. « Ce qu'il y a de plus sublime dans la vie, je crois, ce sont ces moments où l'on a le sentiment d'apprendre quelque chose, où la curiosité est éveillée », explique Daniel Day-Lewis. Jean Cocteau cherchait, lui, « toujours l'endroit frais sur l'oreiller ». Jolie expression.

« L'éclectisme sert à cela : densifier la vie. Ne pas capituler devant le quotidien. Résister à la mollesse étale. Refuser le bonheur débonnaire, les pensées inodores et les convictions flasques. Rêvons d'une société où chacun, s'éparpillant, prendrait enfin son existence en main... S'éparpiller, c'est en réalité s'ouvrir au monde. Unique moyen de se réaliser : poursuivre ses rêves et les rattraper. On risque, évidemment, quelques sérieuses embardées. Mais renoncer à l'éparpillement, c'est se résigner, se rétrécir, se métamorphoser en accablé, c'est-à-dire se fâcher avec ses sentiments. Il faut lâcher la bride à la curiosité, c'est la seule façon de ne pas désespérer », s'emporte avec passion François Busnel (« Éloge de l'éclectisme », *L'Express*, 1er décembre 2005).

Albert Einstein l'a parfaitement compris, lui qui disait n'avoir pas de talents particuliers, mais être juste passionnément curieux.

d

Debout

Quoi qu'il arrive, quelles que soient les circonstances, rester debout. Et si on tombe, se relever, se remettre droit et réagir.

Debout et digne.

Décider

« L'acte fondamental d'une vie est de décider ce qui est important et ce qui ne l'est pas », disait Henry de Montherlant.

Les méthodes pour bien décider sont nombreuses, mais on en revient systématiquement à cinq étapes principales :

- Établir un constat : analyser les forces et faiblesses, évaluer les menaces dans l'environnement. Bien identifier le problème. Recourir au QQOQCCP (Quoi, Qui, Où, Quand, Comment, Combien, Pourquoi).

- Définir les options envisageables, les alternatives. Mesurer les avantages et les bénéfices, les inconvénients et les risques de chaque option. Les critères de choix doivent être mesurables et peuvent être: l'économique, le temps, la faisabilité.
- Décider en retenant la meilleure option, puis la mettre en œuvre avec conviction. Aboutir à une vision globale. Fixer les objectifs à atteindre. Définir l'organisation, les procédures, les missions.
- Suivre et contrôler l'obtention des objectifs fixés à l'aide de tableaux de bord ou toute autre forme de reporting qui permette de bien mesurer les écarts entre l'attendu et le réalisé.
- Sur la base du constat fait à l'étape 2, réagir en mettant en place les actions correctives nécessaires de sorte à réorienter l'action vers l'atteinte des objectifs initiaux.

Défi

« La véritable grandeur d'un homme ne se mesure pas à des moments où il est à son aise, mais lorsqu'il traverse une période de controverses et de défi », pour Martin Luther King.

Déléguer

Déléguer est facile quand on est bien entouré. Encore faut-il confier une tâche ou une mission avec clarté et précision. Le délégataire doit comprendre le résultat attendu. Le délégant doit contrôler l'obtention de ce résultat et exiger les actions correctives en cas d'écart.

Demain

Steven Spielberg a toujours dit qu'une seule chose l'intéresse dans la vie. C'est « demain, je fais quoi ? »

Dépassement

Une des valeurs fondamentales des équipes qui gagnent. Sans cesse chercher à dépasser son résultat précédent, à trouver une meilleure réponse pour les clients, à ne pas se satisfaire des acquis et de la situation actuelle.

Et pour le manager, l'ambition permanente d'entraîner les autres à se dépasser en leur confiant des missions les obligeant à le faire, à donner le meilleur d'eux-mêmes, à faire collectivement mieux que la fois précédente. Cela suppose d'entretenir la flamme en permanence, autour d'un projet qui a du sens.

Dépenses

Sam Walton, le fondateur de Walmart, numéro un mondial de la grande distribution, est bien connu pour sa détestation des dépenses inutiles. Les bénéfices sont alimentés par ce qu'on ne dépense pas inutilement, surtout dans les métiers où les marges sont faibles. La chasse aux coûts doit être l'obsession permanente du dirigeant, mais après l'optimisation des revenus.

Destin

« Nous aurons le destin que nous aurons mérité. » Que rajouter à ces mots d'Albert Einstein ?

Détail

Un de mes mots préférés ! Car le commerce est fait de détails, le succès d'une entreprise est la compilation de détails bien gérés, la vie est pleine de détails. Et un détail peut changer une vie.

Deuil

L'homme d'action est lui aussi confronté à des moments de deuil. Faire son deuil suppose de passer par des étapes systématiques :

- Le déni : on refuse l'évidence dans les faits.
- La colère : on recherche des boucs émissaires.
- Le désespoir : on n'y arrivera jamais.
- L'acceptation, avant de rebondir.

Deux

J'aime les visions provocantes qui coupent le monde en deux. Elles sont souvent simplistes mais disent toujours quelque chose de vrai de nous :

- Pour Clint Eastwood, le monde se divise en deux catégories, ceux qui ont un pistolet chargé et ceux qui creusent.
- Selon Napoléon, il y avait deux sortes d'hommes : ceux qui commandent et ceux qui obéissent.
- Après, on peut parler des personnes guidées par le désir et celles guidées par une obligation, des participants et des spectateurs, de ceux qui passent par la porte et ceux qui passent par la fenêtre...

Bour Benjamin Franklin, l'humanité se divisait même en trois catégories : ceux qui ne peuvent pas bouger, ceux qui peuvent bouger, et ceux qui bougent.

Devenir

Questions de base : Qu'est-ce que je veux devenir ? Qu'est-ce que l'entreprise doit devenir ?

Diagnostic

Toute démarche dans l'entreprise part d'un diagnostic précis. Qu'il s'agisse de mettre au point le projet de l'entreprise, de remettre en cause une organisation, d'innover. Plus le diagnostic sera de qualité, plus le plan d'action à mettre en œuvre sera aisé à identifier.

Dictionnaire

Depuis la rencontre avec mon premier dictionnaire, je suis fasciné par le côté encyclopédique de l'objet. Chacun renferme un monde de curiosités. J'en suis venu à les collectionner, et je ne me couche plus sans ouvrir une page de dictionnaire, à la découverte du mot ou du nom propre que je ne connais pas.

Différenciation

Seule une bonne différenciation des produits et des services de l'entreprise par rapport à ses concurrents lui permettra de résister sur son marché. La différenciation doit être l'obsession première du dirigeant.

Difficultés

« Quelque critiques que puissent être la situation et les circonstances où vous vous trouvez, ne désespérez de rien ; c'est dans les occasions où tout est à craindre qu'il ne faut rien craindre ; c'est lorsqu'on est environné de tous les dangers qu'il n'en faut redouter aucun ; c'est lorsqu'on est sans aucune ressource qu'il faut compter sur toutes; c'est lorsqu'on est surpris qu'il faut surprendre l'ennemi lui-même », a enseigné Sun Tzu dans le fameux *Art de la guerre* que tout manager se doit d'avoir lu.

Concernant la méthode pour faire face, un vieil adage bouddhiste rappelle qu'« il n'y a pas de grande tâche difficile qui ne puisse être décomposée en petites tâches faciles ». Une tâche peut paraître immense au premier abord, une fois découpée en tâches accessibles que l'on exécute les unes après les autres, on finit par atteindre son objectif.

Et quand les difficultés sont les plus dures, se rappeler avec conviction la sagesse d'Albert Einstein : « Derrière chaque difficulté, il y a une opportunité. »

Enfin le problème passager ne résiste pas à la question de savoir ce qu'il en restera dans un an.

Discipline

Rien de grand ne s'accomplit sans discipline, personnelle et collective. Elle est indispensable pour donner le meilleur de soi-même et durer.

Doute

Tout honnête homme doute à un moment ou à un autre. L'absence de doute rendrait la vie bien ennuyeuse. Pour y faire face, suivre le conseil de Sénèque : « Si tu doutes, commence par agir. » L'action, on y revient toujours.

Pour trancher dans ces moments, quelques questions aident à se recentrer :

- Qu'est-ce qui est bon pour mes clients ?
- Qu'est-ce qui est bon pour l'entreprise ?
- Qu'est-ce qui est bon pour mes collaborateurs ?

e

Échec

L'échec fait partie intégrante de tout parcours. Pour Albert Einstein, il faut passer par là : « Il n'y a qu'une seule voie vers la véritable grandeur humaine : passer par l'école des épreuves. » Au fond, pour Paul Valéry, « une chose ratée est une chose qui n'a pas encore réussi ». Ne pas perdre de temps à y voir autre chose.

Seuls les fameux Navy Seals américains ont pour devise : « L'échec n'est pas une option. »

Dépasser un échec suppose :

- De le reconnaître et de l'accepter.
- D'y réfléchir en prenant du recul pour en tirer les leçons.
- De rebondir vers une expérience meilleure.
- De se le remémorer pour ne pas le reproduire.

Éclaireur

« Rien de ce qui résulte du progrès humain ne s'obtient avec l'assentiment de tous, et ceux qui aperçoivent la lumière avant les autres sont condamnés à la poursuivre en dépit des autres », a dit Christophe Colomb. Les éclaireurs se retrouvent souvent seuls, il faut juste en avoir conscience.

Éclectique

Voir « Curiosité ».

Effondrement

Pas de définition, juste les images fondatrices de l'époque actuelle : effondrement du mur de Berlin le 9 novembre 1989, effondrement du World Trade Center le 11 septembre 2001, effondrement de la banque Lehman Brothers le 15 septembre 2008, effondrement économique lié à la pandémie de Covid-19 et ses multiples conséquences, effondrement de la biodiversité risquant de conduire à la sixième extinction de masse.

Effort

« Aucune civilisation n'est durable si elle n'est pas capable de donner un sens à l'effort, de justifier l'écoulement du temps. Concentrée sur le court terme, ballottée entre le réversible et le précaire, la démocratie de marché en est de moins en moins capable. » *Dixit* Jacques Attali.

Embourgeoisement

Absolument lutter contre.

Employabilité

Les carrières à vie dans la même entreprise, c'est terminé ! Personne n'est à l'abri d'une période de chômage dans son parcours. La meilleure façon de s'en protéger est de veiller à optimiser son employabilité, en remettant régulièrement en cause ses compétences, en se formant, en se réorientant si nécessaire.

Le chef d'entreprise veille quant à lui à l'employabilité des membres de son équipe.

Empreinte

Le chef d'entreprise ne doit jamais perdre de vue que son entreprise laisse trois empreintes :

- Économique à travers sa performance.
- Sociale à travers la façon dont elle appréhende ses ressources humaines et ses parties prenantes.
- Environnementale en impactant la nature.

Il faut désormais rendre compte de ces trois dimensions à juste titre.

Énergie

La gestion de l'énergie personnelle dans la durée est une dimension à ne pas négliger par le leader. Derrière les responsabilités et la réussite, il y a une nécessaire endurance. Elle s'entretient avec soin par l'alimentation, le sport, la détente, la relaxation ou encore la méditation.

« L'énergie déserte les êtres qui connaissent trop bien les recoins du labyrinthe de leur vie, ceux qui n'attendent plus rien des instants à venir et ceux qui, par peur de l'inattendu, s'enferment dans le mur de l'habitude. [...] Pour avancer dans le couloir du temps, il faut donc choisir son camp en saisissant son arme : soit un bouclier frappé du blason de l'habitude, soit une épée tranchante pour faucher l'obscure lumière de l'imprévisible. » L'écrivain-voyageur Sylvain Tesson.

Ennemi

« Si tu ne peux pas tuer ton ennemi, aime-le », nous rappelle un proverbe chinois. « Remerciez vos ennemis, ils sont vos plus grands maîtres. Ils vous apprennent à faire face à la souffrance et à développer la patience, la tolérance, la compassion, sans rien attendre en retour », estime le Dalaï-Lama. Ce que Roberto Rossellini résume avec ces mots : « Si tu as un ennemi, emmerde-le d'amour. »

En fait notre pire ennemi est en nous : c'est notre faible moi-même.

Ennui

« Celui qui connaît l'art de vivre avec soi-même ignore l'ennui. » Ce mot d'Érasme est un des secrets de la vie réussie. Pascal n'en est pas forcément convaincu : « Ainsi s'écoule toute la vie ; on cherche le repos en combattant quelques obstacles et si on les a surmontés le repos devient insupportable par l'ennui qu'il engendre. Il en faut sortir et mendier le tumulte. » Ne serait-ce pas un peu la propre définition de l'entrepreneur ?

Enthousiasme

Une qualité de base indispensable dans l'entreprise. Avec le courage et l'humour. Toujours chercher l'étincelle dans le regard de l'autre.

Entrepreneur

Pour Nicolas Hayek, inventeur des Swatch, « un entrepreneur, c'est quelqu'un qui sait que vous et moi, nous sommes nés avec énormément de fantaisie, qu'on a cru aux contes de fées. Puis c'est la famille, l'école, l'armée pour les hommes, l'université, l'administration ou l'entreprise, bref toute une série d'institutions qui ont, petit à petit, tué cette fantaisie originelle qui était en nous. C'est cela qu'il faut retrouver. Pour moi, un entrepreneur, c'est un artiste. Il crée des choses – des produits, de nouvelles richesses et des places de travail –, il surmonte les obstacles. C'est cela qui le motive. Il n'est pas intéressé par l'obtention d'un grand revenu immédiat. C'est quelqu'un qui admire la beauté et la culture, qui motive, qui refuse la domination de la finance sur l'industrie, qui passe très vite de la théorie à la pratique, à la réalisation. »

Selon Philippe Houzé, le patron des Galeries Lafayette, dans l'entreprise il y a les Yes but (les oui mais), et les Why not, les pourquoi pas. Les entrepreneurs sont de la seconde trempe.

Entreprise

Je pourrais ici donner mille et une définitions de l'entreprise.

Pour moi le premier but de l'entreprise est d'être unique : unique pour ses clients, unique sur son marché, unique pour ses collaborateurs.

Pour Christian Nibourel, la mission de l'entreprise, c'est de réunir des hommes et des femmes pour créer de la valeur sur un marché donné.

C'est pourquoi les trois critères privilégiés pour étudier le potentiel de succès d'une entreprise sont : son management, son management, son management.

Les hommes et les femmes sont la première clé de succès de l'entreprise.

Pour Peter Drucker: «La raison d'être d'une entreprise est de permettre à des gens ordinaires de faire des choses extraordinaires.» J'en suis profondément convaincu. Ensemble on est plus forts pour concrétiser de beaux projets. Tout le plaisir du leader est exactement dans cet accomplissement.

Mais il n'y a pas d'utilité étendue de l'entreprise sans création de richesse à la base: «le but d'une entreprise n'est pas de créer de la vertu, de la justice ou du bonheur, mais de générer du profit», rappelle André Comte-Sponville. Un profit indispensable à sa pérennité et à sa liberté tout en respectant ses parties prenantes et la planète.

Épicier

«C'est le plus beau métier du monde. Il n'y a pas de limite au développement.» Dixit Paul Auguste Halley. Je ne vais pas dire le contraire.

Équipe

«J'ai trouvé plus fort que moi, c'est nous. Personne ne réussit seul», répétait Stéphane Treppoz, alors patron de Sarenza.

«Les performances individuelles, ce n'est pas le plus important. On gagne et on perd en équipe», affirme en connaissance de cause Zinedine Zidane.

Si je dois répondre à la question précise de savoir quelles sont les clés de l'efficacité, je dirais d'abord qu'il s'agit d'être bien entouré. Le leader doit construire une équipe qui va lui permettre de mettre en œuvre ses projets en toute confiance.

À la confiance s'ajoute la compétence qui fera que la tâche déléguée sera exécutée dans l'esprit dans lequel on l'aurait faite soi-même.

Les ingrédients d'une bonne équipe :

- Bien se connaître et se respecter.
- Une complémentarité organisée.
- Disposer ensemble d'un cap clair et ambitieux.
- Se doter d'une méthode de travail commune.
- Faire preuve d'une solidarité à toute épreuve.

Les ennemis de l'équipe sont l'habitude et le non-dit. Chaque équipe traverse différents cycles, de sa constitution aux périodes fusionnelles, aux conflits, jusqu'au moment où elle donne le meilleur d'elle-même. Ces moments sont parmi les plus beaux de la vie de l'entreprise. J'en ai connu beaucoup.

Erreur

Pour Jean d'Ormesson, « le propre des hommes, et leur grandeur, c'est la suite de leurs erreurs dans la recherche de la vérité ». Mais comme l'a toujours clamé le patron Akio Morita : « N'ayez pas peur de faire une erreur. Mais faites en sorte de ne pas faire la même erreur deux fois. »

« Une entreprise se trompe tout le temps. Le rôle du manager est de s'en apercevoir et de corriger le tir instantanément » selon Noël Goutard, ancien patron emblématique de Valéo.

Ne pas confondre erreur et faute. Autant il faut être indulgent pour les erreurs, en tirer les meilleures leçons, jusqu'à en faire des synthèses dans l'entreprise, autant il faut être intraitable avec les fautes commises qui doivent être sanctionnées sans faiblesse.

Escalier social

L'image de l'ascenseur qui irait très vite, souvent employée, ne colle pas hélas à la réalité.

Certains milieux professionnels, comme la grande distribution, sont reconnus pour leur capacité à faire prendre l'escalier social à leurs collaborateurs les plus motivés. Il n'est pas rare de voir un pousseur de caddie devenu directeur de magasin confirmé.

Dans les environnements où se pratique beaucoup le management collaboratif, d'autres parcours originaux sont observés. Dans le digital, où il est courant de recruter des «gens pas ordinaires» pour contribuer aux projets, des profils inattendus peuvent accéder à des responsabilités d'encadrement dans un second temps.

Dans tous les cas, promouvoir l'escalier social fait partie des missions de base du leader.

En résumé, arriver en haut de l'escalier social suppose de franchir les cinq niveaux bien connus de cette pyramide :

- L'employé efficace.
- Le membre utile à l'équipe.
- Le manager compétent.
- Le leader efficace responsable du sens.
- Le dirigeant !

Bien sûr il ne faut pas se faire d'illusion : passer d'un niveau à l'autre ne se déroule pas sans traverser des épreuves. Et ceux qui ont accédé à un haut niveau de responsabilité ont travaillé plus que les autres.

Essentiel

Voici un petit exercice tout simple, qui prend quelques secondes, mais peut être foudroyant pour se reconnecter à l'essentiel :

- Prendre un mètre ruban.

• Mettre un doigt à 80 ou 85 cm, soit l'équivalent en âge de l'espérance de vie.

• Mettre l'autre doigt au niveau de l'âge actuel.

• Constater ce qui est passé et le temps qui reste.

Faites-le ! Effet garanti. Merci au lecteur qui m'avait transmis cette technique.

Éthique

Il est ici question d'éthique managériale : agir avec chacun et chacune de sorte à pouvoir toujours se regarder dans la glace sans en avoir honte. Et d'éthique tout court dans sa conduite de l'entreprise. À partir du moment où on triche, la posture finit par se fragiliser. On est toujours rattrapé par ses mensonges.

Étonnement

Le rapport d'étonnement réalisé par le nouvel embauché quelque temps après son intégration est d'une richesse plus intéressante que bien des entretiens dans l'entreprise. Ne pas négliger ces rapports.

Études clients

Les clients veulent toujours le meilleur produit au meilleur prix avec le meilleur service. Leur capacité de créativité est limitée. C'est à l'entreprise avant tout de proposer des innovations. Apple en est le meilleur exemple.

Évaluer

Les entretiens individuels, obligatoires dans les plus grandes entreprises, sont des outils de management redoutables. De ces échanges ressort l'essentiel de l'autre, où il en est, comment il se projette.

Certains voient une contrainte à les mener. Ils font au contraire gagner un temps fou dans l'entreprise. De nombreux guides d'entretien sont disponibles pour les réussir.

L'évaluation est encore plus importante au moment d'une reprise d'entreprise. Lors d'une récente reprise, les collaborateurs sont questionnés au prisme de ces questions clés :

- Qu'avez-vous fait pour l'entreprise ?
- En quoi cela a-t-il augmenté les ventes ?
- Quelles suggestions faites-vous pour l'avenir de l'entreprise ?

Pour les entretiens habituels, les points à évaluer sont les suivants :

- La motivation.
- L'efficacité.
- La curiosité.
- Le niveau d'engagement.
- La détermination.

Exécution

Les meilleures idées, les plus fines stratégies ne résistent pas à une piètre exécution. Le soin apporté à la réalisation jusqu'au bout, jusqu'à la formation du moindre collaborateur impliqué, fera toujours la différence par rapport à un concurrent moins précis.

Exemplarité

«L'exemplarité n'est pas une façon d'influencer, c'est la seule», selon Albert Schweitzer. Comment mieux résumer cette qualité essentielle du leader dans l'entreprise ?

Exigence

«Qui demande trop peu à la vie sera toujours déçu par elle», a écrit Jean Rostand.

Qui demande trop peu dans l'entreprise est forcément déçu par les résultats qu'il obtient. Le niveau d'exigence avec soi-même, avec ses collaborateurs, contribue à faire la différence.

Expérience

«Transformer son expérience en conscience», le mot de Malraux dans *L'Espoir*, est un des conseils les plus essentiels sur le chemin d'une vie réussie. Lichtenberg voyait dans cette capacité une part du génie humain. Pour être plus précis, comme Jean-René Huguenin, «la seule règle absolue est de s'ajouter tout ce qu'on fait».

Comment avancer dans la vie sans vivre au quotidien ces conseils ?

f

Faire

Juste faire les choses ! *Just do it* ! Arrêter de procrastiner et de se trouver des excuses. C'est le premier pas qui compte.

Famille

Tout commence et se termine avec la famille. Elle est précieuse. Tout leader que l'on soit, elle compte sur nous et a besoin de nous. Et réciproquement.

Fessenheim

Le village d'Alsace où tout a commencé professionnellement, quand j'aidais, adolescent, mes parents dans leur petite épicerie, devenue un supermarché que j'ai fini par reprendre. Ma mission de PDG de Coopérative U m'occupe chaque semaine quatre jours à Paris, du lundi au jeudi. Mais j'ai toujours le même plaisir à revenir au plus près de mes collaborateurs et de mes clients en fin de semaine, presque pour me ressourcer et revenir prendre des décisions dans notre siège en parfaite connaissance de cause. Cette double vie, partagée avec mes collègues associés de notre coopérative, est la clé de notre résilience et de notre succès.

Fessenheim est aussi le berceau de tous les Schelcher et Schoelcher de France depuis qu'un premier Schelcher a quitté l'Allemagne toute proche pour s'installer là il y a bien longtemps. Le plus illustre d'entre tous est Victor Schoelcher, auteur du décret d'abolition de l'esclavage dans les Antilles françaises. Quand son père Marc, né Schelcher à Fessenheim, est arrivé à Paris, il a fait rajouter un o à son nom, insatisfait de la prononciation qu'en faisaient les Parisiens. On connaît la suite de l'histoire.

Fidélité

Une valeur essentielle pour moi. Elle se mérite et se travaille pour la préserver dans le temps.

Filtre

Le musicien Robert Wyatt : « Je n'ai pas encore trouvé de meilleur filtre pour comprendre le monde. Demandez-vous toujours quels sont les intérêts économiques... »

Autre question clé : à qui profite la situation ? En latin : *cui bono*.

Et vous, quel est votre filtre ou grille de lecture principale ?

Finance

La dimension financière a pris une place considérable, d'autant plus quand l'entreprise est cotée : les analystes, le marché, les actionnaires mettent une pression que refusent les grandes entreprises familiales indépendantes. Elles y voient une chance de se développer dans la durée, à l'abri des exigences boursières, capables d'investir lourdement pour le long terme.

Force

Traverser nos vies difficiles suppose force et détermination. Dans les pires moments, Nelson Mandela en était convaincu, lui qui avait en tête cet extrait du poème de William Henley : « Je suis le maître de mon destin, je suis le capitaine de mon âme... » Chacun l'est de sa propre destinée. Jean-René Huguenin pensait, lui, que « tout dépend de nous. Cette conviction règne sur ma vie ». Sur ce chemin, Marc-Aurèle nous conseille : « Sois semblable à un roc contre lequel les vagues se brisent sans répit : il reste debout et autour de lui viennent mourir les bouillonnements du flot. » Nietzsche était persuadé que « ce qui ne tue pas rend plus fort ».

Formation

Se former tout au long de la vie, par tous les moyens possibles, pour rester employable et s'adapter aux évolutions de l'environnement en mutation permanente. Deux jours de formation adaptée, qui sort du cadre, peuvent faire gagner un temps précieux pour avancer.

Fuir

L'homme d'action ne doit pas hésiter à fuir les personnes toxiques. Chacun imaginera aisément lesquelles.

g

Générations

Du point de vue du management les générations ne s'abordent pas de la même façon :

- Les babyboomers, nés entre 1945 et 1960, ont des attentes de sécurité de l'emploi : il faut un management directif.
- La génération X, née entre 1961 et 1980, a des attentes d'équilibre vie pro/vie perso : un management participatif.
- La génération Y, née entre 1981 et 1995, a des attentes très individuelles de liberté : un management collaboratif mode startup.
- La génération Z, née depuis 1995, a des attentes d'autonomie : ce management reste à inventer…

La génération C, la génération toujours connectée, recouvre plusieurs de ces générations, avec les personnes nées entre 1984 et 1996. Elles ont grandi avec Internet et ne vivent pas professionnellement les choses comme leurs prédécesseurs.

De nombreuses études résument les attentes des dernières générations par un manager accueillant, proche et à l'écoute, exemplaire et à même de transmettre savoir et expérience, qui accorde confiance et autonomie, sensible à la qualité de vie au travail, capable d'informer et de communiquer, et qui sait reconnaître le travail bien fait.

Générosité

« Plus je te donne, plus il me reste », a écrit Shakespeare dans *Roméo et Juliette*.

Génie

Il est évident que certains naissent avec des prédispositions et des talents que d'autres n'ont pas. Mais un simple avantage ne suffit pas. « Le génie c'est dix-huit heures de travail par jour, et le talent c'est d'en trouver aux autres », expliquait Robert Hossein. Pour le cuisinier Pierre Gagnaire, « le génie, c'est de durer ».

Gouverner

« Gouverner, c'est choisir », disait Pierre Mendès France. À mes yeux c'est aussi prévoir et anticiper.

Grille de lecture

Il existe de nombreuses grilles de lecture des hommes, vous avez sans doute fait différentes formations à ce sujet. Sans s'enfermer dedans, une analyse intéressante est celle de la Process Communication et vous êtes nombreux à l'avoir faite dans l'entreprise. Ainsi très vite on parvient à repérer le profil principal d'une personne et cela donne des indications pour de meilleures interactions entre les uns et les autres.

h

Habitude

Il faut vingt et un jours pour changer une habitude, c'est-à-dire pour la remplacer par une autre habitude. C'est au bout de six mois que le changement est acquis.

Hasard

Nous sommes confrontés chaque jour aux hasards de la vie. Ils peuvent être heureux ou cruels. Une chose est sûre pour Louis Pasteur : « Le hasard ne favorise que les gens préparés. » Ce qu'Elsa Triolet résumait avec ces mots : « Les hasards de notre vie nous ressemblent. » Quant à Paul Éluard, il estimait qu'« il n'y a pas de hasards, il n'y a que des rendez-vous ».

Héros

On a tous des héros symboles de courage, de justice et d'espoir, qui nous inspirent un exemple de vie. Pour Patrick Cauvin, « heureux celui qui possède dans les souterrains des trésors imaginaires un réservoir inépuisable de héros, il aura une source jubilante jamais tarie, une belle procession, un beau cortège qui l'accompagnera sur le chemin de la vie. Toujours exceptionnels, un peu ou beaucoup en marge, un peu ou beaucoup chatoyants, héros et héroïnes sont des chasseurs de train-train, ils sont, et ce n'est pas leur moindre mérite, l'incarnation de nos envies profondes ou légères, ils sont nos amours. »

Les héros ne sont pas forcément de grands hommes. Nous sommes entourés de héros ordinaires. Nos plus grands héros sont souvent issus de notre famille. Pour Lichtenberg, « un grand homme est pour moi quelqu'un qui a beaucoup pensé, lu et vécu et qui sait, dans toutes les choses qu'il entreprend, voire même dans chaque livre qu'il écrit, unir clairement le fruit de sa pensée, de ses lectures et de sa vie à la meilleure des fins, de manière que chacun puisse voir ce que lui-même a vu. »

Homme

L'homme est un être fragile, imparfait et imprévisible. Il sait être fort et faible. Sa vie peut être merveilleuse, mais elle est aussi difficile. Il lui faut du courage pour la traverser et accepter que la quête ultime du sens reste sans réponse. « On doit apprendre beaucoup pour reconnaître qu'on est peu », explique Montaigne. À ses yeux, « nous n'avons pas grand-chose à voir avec les créatures rationnelles et sereines que la plupart des penseurs de l'Antiquité imaginaient que nous étions. Nous sommes essentiellement des êtres grossiers et tourmentés, hystériques et insensés, à côté desquels les animaux sont à maints égards des modèles de santé et de vertu.» La comparaison avec les animaux est fréquente pour définir l'homme. Jean-Claude Guillebaud le confirme: «Nous oublions que ce qui nous fait humains, c'est quand même la capacité que nous avons de dire non à nos pulsions. C'est tout simplement une vérité anthropologique fondamentale: l'homme est le seul animal qui soit capable de dire non à ses instincts.»

Humilité

Ne jamais oublier cette citation essentielle de Montaigne: «Et au plus élevé trône du monde, si ne sommes assis, que sur notre cul.» Cinglante leçon d'humilité.

i

Idéal

À cette entrée s'impose un poème de Charles Baudelaire, dans *Spleen et idéal*, qui ne me quitte plus depuis des années :

« Au-dessus des étangs, au-dessus des vallées,
Des montagnes, des bois, des nuages, des mers,
Par-delà le soleil, par-delà les éthers,
Par-delà les confins des sphères étoilées,
Mon esprit, tu te meus avec agilité,
Et, comme un bon nageur qui se pâme dans l'onde,
Tu sillonnes gaiement l'immensité profonde
Avec une indicible et mâle volupté.
Envole-toi bien loin de ces miasmes morbides ;
Va te purifier dans l'air supérieur,
Et bois, comme une pure et divine liqueur,
Le feu clair qui remplit les espaces limpides.
Derrière les ennuis et les vastes chagrins
Qui chargent de leurs poids l'existence brumeuse,

Heureux celui qui peut d'une aile vigoureuse
S'élancer vers les champs lumineux et sereins;
Celui dont les pensées, comme des alouettes,
Vers les cieux le matin prennent un libre essor,
– Qui plane sur la vie, et comprend sans effort
Le langage des fleurs et des choses muettes ! »

Idées reçues

Identifier en permanence les idées reçues, garder intact sa capacité d'analyse et son bon sens et au final refuser ce qui apparaît comme évident si cela ne l'est pas. Bref toujours questionner les situations pour prendre les meilleures décisions.

Imagination

« Le mystère du monde réside moins dans son exploration que dans sa puissance imaginaire », pense Jean-Marie Gustave Le Clézio. Paul Éluard confirme ce pouvoir à sa façon : « Ce qui est maintenant prouvé ne fut autrefois qu'imaginé. » Edgar Morin va encore plus loin : « La vie imaginaire enrichit et organise la réalité. »

Bien sûr, les bonnes idées ne valent que si elles sont mises en œuvre.

Impermanence

« Le monde n'est que changement, la vie n'est qu'opinion », affirmait déjà l'empereur Marc-Aurèle. « Après avoir pris en compte l'idée d'impermanence, je suis devenu moins impatient, car j'ai compris qu'attendre demain, c'était me voler d'aujourd'hui », explique Jean-Louis Servan-Schreiber. La seule constante, c'est le changement pour les bouddhistes. « Rien ne se perd, rien ne se crée, tout se transforme», a écrit lui aussi Lavoisier. Dans ce contexte, pour Aragon, « rien n'est jamais acquis à l'homme, ni sa force, ni sa faiblesse ».

La grande incertitude actuelle, notre environnement volatil, a toujours été une préoccupation des leaders. Rien de nouveau dans le fond. C'est pour cette raison que j'apprécie particulièrement ce mot.

Impossible

« Ils ne savaient pas que c'était impossible, alors ils l'ont fait», a dit Mark Twain. Comme chacun sait, les grandes idées ont souvent émergé de telles situations. Max Weber confirme : « On n'aurait jamais pu atteindre le possible si dans le monde on ne s'était pas toujours et sans cesse attaqué à l'impossible. »

Bref, un mot qui ne cadre pas dans l'entreprise.

Incertitude

À de rares exceptions près, fini les avantages concurrentiels permanents. N'importe quelle entreprise peut voir surgir un concurrent du jour au lendemain qui, du fait d'une nouvelle approche et d'un modèle disruptif, va remettre en cause ses positions acquises. C'est arrivé à de très grandes entreprises, ces dernières années, elles ont parfois disparu. Facile de citer l'exemple de Kodak qui n'a pas mesuré la révolution que représentait l'arrivée de la photo numérique. Le propre du leader actuel est de gérer dans une incertitude devenue permanente. À charge pour lui de la transformer en sagesse de l'incertitude.

Le meilleur remède à l'incertitude, c'est la cohésion de l'équipe et l'action. Surtout se rappeler que toute période incertaine génère des opportunités. Les saisir.

Indépendance

Elle est chez moi une seconde nature. Être indépendant pour maîtriser son destin d'entrepreneur et n'avoir de compte à rendre qu'à soi-même au bout du compte. Un luxe.

Innover

« La question qui se pose est la suivante : nos produits apportent-ils une meilleure vie au consommateur ? » Tel est le leitmotiv de Guido Barilla, président de Barilla. L'entreprise qui veut survivre n'a pas d'autre choix que d'innover en permanence. Le faire en déconnexion des clients est une erreur.

Dans ce domaine il ne faut pas confondre faire preuve de créativité et innover. « La créativité, c'est penser à de nouvelles choses. L'innovation, c'est faire de nouvelles choses », selon l'économiste Theodore Levitt.

Intelligence artificielle

« L'IA s'annonce ainsi, à l'image de l'imprimerie, la machine à vapeur ou l'informatique, comme une innovation de rupture appelée à toucher tous les secteurs d'activité et entraîner des effets induits encore insoupçonnés. Face à cela, l'humanité se retrouve, à nouveau, condamnée à avancer à l'aveugle en remettant son destin dans les mains d'un progrès technique dont elle ne mesurera l'impact qu'a posteriori », expliquait récemment Gabriel Grésillon dans *Les Échos*.

Elle sera ce que nous en ferons, mais nul doute qu'elle est en train de bouleverser de nombreux métiers, et plutôt intellectuels.

Intelligence collective

Une intelligence collective est en train d'émerger redessinant immanquablement les contours de l'entreprise. Tout ne reste plus entre quatre murs physiques, le savoir devient collectif et circule de manière de plus en plus fluide. À la fois on accède très facilement à d'infinies sources d'information et l'on peut simplement partager sa propre expertise, jusqu'à contribuer à distance à des projets collectifs. S'ajoute une dimension d'instantanéité qui fait de ces tendances de véritables bouleversements de la société.

Le management traditionnel est bel et bien révolu. Tout manager, leader, doit être lucide sur son savoir, qui peut à tout moment être remis en cause par un collaborateur plus jeune et moins expérimenté que lui. C'est bien pour cela que le nouveau manager est attendu sur d'autres compétences en ce début de XXIe siècle. C'est un peu l'objet de cet abécédaire.

Sur le terreau de l'intelligence collective émerge une influence collective. Désormais les gouvernants et les entreprises ne peuvent plus faire abstraction de cette force. Ils ne manqueront pas de tenter de la cadrer. En vain sans doute.

Intuition

Ils rechignent souvent à le reconnaître mais nombre de dirigeants prennent de grandes décisions sur le fondement de leur intuition, à l'écart des méthodes académiques. Disposer de trop de données peut parfois nuire à la pertinence de la décision et de bonnes intuitions ont conduit à de grand succès.

Une intuition n'est jamais rien d'autre qu'une information d'un type particulier, basée sur des sensations, qui permet de faire des raccourcis dans le raisonnement. Ne pas la négliger.

Irritants

Il est question ici des petits irritants du quotidien qui viennent perturber le bon fonctionnement d'une équipe et, au final, de l'entreprise. Le manager se doit d'y faire la chasse en demandant régulièrement d'en dresser la liste. Traiter ces sources de pollution représente en général un investissement mineur pour une satisfaction quotidienne retrouvée. J'appelle cela faire la chasse aux énervements et donc faire la liste anti-énervements.

j

Jeunesse

« Les jeunes d'aujourd'hui sont malfaisants et paresseux et ne seront jamais comme la jeunesse d'autrefois. » Inscription babylonienne connue, trois mille ans avant J.-C. Cela n'a pas beaucoup changé ! Le général Mac Arthur nous rappelle avec force que « la jeunesse n'est pas une période de la vie, elle est un état d'esprit, un effet de la volonté, une qualité de l'imagination, une intensité émotive, une victoire du courage sur la timidité, du goût de l'aventure sur l'amour du confort. Jeune est celui qui s'étonne et s'émerveille. Il demande, comme l'enfant insatiable : et après ? Il défie les événements et trouve de la joie au jeu de la vie. Vous êtes aussi jeune que votre foi. Aussi vieux que votre doute. Aussi jeune que votre confiance en vous-même, que votre espoir. Aussi vieux que votre abattement. Vous resterez jeune tant que vous resterez réceptif. Réceptif à ce qui est beau, bon et grand. Réceptif aux messages de la nature, de l'homme, de l'infini. » Après cette citation, on ne peut que donner raison à Pablo Picasso : « Il faut des années et des années pour devenir jeune. »

Jeux

Les jeux dont il est question ici sont les inévitables jeux de pouvoir qui agitent toutes les organisations à un moment ou un autre. Plus la structure est grande, plus il y a d'opportunités de carrières élevées, plus il y aura de jeux de pouvoir. C'est une question de survie dans le système.

La difficulté apparaît quand ces jeux paralysent tel ou tel projet, perturbent un bon fonctionnement, occupent plus les gens que leur vraie mission. C'est au dirigeant de trancher ces questions sans en jouer lui-même.

Et dans ces jeux, ne pas se laisser instrumentaliser.

La meilleure façon de réagir à un coup tordu est de prendre de la hauteur et de cultiver le détachement...

Journal

Hegel voyait dans la lecture du journal la prière de l'homme moderne. C'est en fait « un produit pas cher, léger, facile à consulter et contenant une masse énorme d'informations », pour Antoine de Tarlé. Pour David Bell, du *Financial Times*, « le quotidien reste la meilleure manière d'avoir en dix minutes une vision d'ensemble de l'actualité avec une hiérarchisation des sujets que le Net n'offre pas puisqu'il les empile les uns sous les autres ». De tout temps le journal a suscité les reproches. Ceux de Marcel Proust par exemple : « Ce que je reproche aux journaux, c'est de nous faire faire attention tous les jours à des choses insignifiantes, tandis que nous lisons trois ou quatre fois dans notre vie les livres où il y a des choses essentielles. »

Journalisme

Le grand lecteur de presse écrite que je suis ne peut pas ne pas évoquer cette entrée. « Le journalisme est le premier brouillon de l'histoire », selon Philip Graham, éditeur du *Washington* Post. « Notre métier n'est pas de faire plaisir, non plus de faire du tort, il est de porter la plume dans la plaie », pour Albert Londres, figure emblématique de la profession. « Un grand journaliste est un homme (ou une femme) dont la curiosité est toujours en éveil et la conscience jamais en repos. Un professionnel qui ne se lasse pas de s'émouvoir, qui n'est jamais blasé, jamais cynique, et qui interroge sans relâche les événements, les puissants, les bonheurs et les malheurs du temps. Qui associe le public à ses questions », selon la définition de Bruno Frappat. Il ajoute que « le journaliste est celui qui tente de répondre à cette question du "quoi de neuf ?" » Pour Françoise Giroud, « le journalisme, c'est là où bat le cœur du monde ». François-Régis Hutin voyait sa mission ainsi : « Je ne suis ni de droite ni de gauche, je suis au centre des préoccupations des gens de notre temps, là où se fait notre destin. » L'intarissable passeur Bernard Pivot estimait que « le journaliste est un interprète de la curiosité publique. » Ces professions de foi ne doivent pas faire oublier l'essentiel selon Pierre Lazareff : « Le premier devoir d'un journaliste, c'est d'être lu. » Du côté de ceux qui se méfient des journalistes, Pierre Bourdieu est sévère : « Les journalistes sont parfois dangereux : n'étant pas toujours très cultivés, ils s'étonnent de choses pas très étonnantes et ne s'étonnent pas de choses renversantes. » André Gide, déjà, pensait que le journalisme, c'est « tout ce qui sera moins intéressant demain qu'aujourd'hui ».

1

Lâcher-prise

Savoir lâcher-prise est une capacité devenue clé avec la sollicitation grandissante des cadres dans les organisations ces dernières années. Pas de grande entreprise sans exigence, sans rythme soutenu, sans attentes fortes de résultats.

Mais le manager ne doit jamais oublier que son collaborateur sera d'autant plus efficace qu'il aura trouvé le bon équilibre entre vie professionnelle et vie personnelle. Dès que l'une prend trop fortement le dessus sur l'autre, la pérennité du poste est remise en cause.

Quand le professionnel l'emporte, quand le collaborateur engloutit les heures sans plus prendre de recul, il y a danger. Et même sans en arriver là, il faut savoir lâcher-prise.

Au bureau, en situation de stress, quelques pas suffiront à se détendre au moment critique, tout comme quelques respirations profondes.

En dehors du bureau, la sérénité doit reposer sur un projet de vie qui organise l'équilibre justement. Faire en sorte qu'il y ait suffisamment de soupapes pour permettre de penser à autre chose qu'au travail: famille, amis, sport, loisirs. Pour préserver un certain équilibre personnel, nous devons sans cesse vérifier que nous couvrons l'ensemble de nos besoins humains. Pas les besoins superflus, mais les piliers de la vie.

Leader

La meilleure façon de décrire un leader est de le faire par les qualités qu'en attendent les cadres. Quand on les interroge, ils mettent en avant: humilité, visibilité, conviction, clarté, courage, audace. Ils rêvent d'un patron inspirant, qui les guide en leur faisant confiance.

Le leader a ce petit quelque chose en plus qui permet de soulever les énergies pour rendre un rêve réalisable. Il sait transformer une vision en réalité. Il emmène ses troupes là où elles ne seraient jamais allées seules. Napoléon disait que c'est « un marchand d'espoir ».

Selon Warren Bennis: « Le manager a ses yeux rivés sur les résultats tandis que le leader, lui, fixe l'horizon. »

C'est avant tout un homme ou une femme, aux qualités humaines affirmées, qui impose par sa personnalité avant ses compétences techniques, qui sont nombreuses: celles du savoir, du savoir-faire, du savoir-être, du savoir-faire-faire, de la communication, de la projection dans l'avenir, de l'anticipation.

Tout cela suppose un profil personnel exigeant. Le leader développe:

- Une humilité en toutes circonstances.
- Une bonne santé physique et morale: il se muscle physiquement et moralement.
- De l'énergie, une vitalité quotidienne.

- Une confiance en lui.
- Une maîtrise personnelle constante.
- Une bonne résistance, notamment au stress.
- De la tolérance pour l'ambiguïté : il sait garder son sang-froid.
- Une ouverture d'esprit.
- Il garde ses sentiments pour lui.
- Ne se plaint jamais.
- Son exigence personnelle est élevée.
- Et tout cela car il a une bonne connaissance de lui-même.

Quant aux patrons superstars, ils ont tout le reste et en plus :

- Une excellence exceptionnelle dans un domaine précis.
- Une hauteur de vue à long terme qui tranche à la première discussion.
- L'insatisfaction profonde face au succès.
- La capacité à atteindre le pic de performance quand il faut.
- La capacité à battre les concurrents.

Le stade ultime du leadership est bien évidemment une capacité à faire émerger les leaders de demain.

À la lumière de ces compétences requises il est clair qu'on ne naît pas leader, on le devient.

Liberté

Le plus important n'est-il pas de rester un homme libre ? Victor Schoelcher ne voyait pas d'autre solution : « Vivre libre ou mourir. » Pour Voltaire, « la liberté, c'est la puissance d'agir ». Chateaubriand la portait haut et fort : « Je ne suis point à la mode, je pense que sans la liberté il n'y a rien dans le monde ; elle seule donne du prix à la vie ; dussé-je rester le dernier à la défendre, je ne cesserai de proclamer ses droits. » Aux yeux de Gandhi, « la liberté de l'homme dépend de son aptitude à changer ses points de vue sur les êtres et sur les choses ». En effet, « nous ne sommes pas libres de choisir ce qui nous arrive, mais libres de réagir à ce qui nous arrive de telle ou telle façon » selon Fernando Savater. « L'homme ne naît pas libre, il le devient, par un effort de connaissance (travail de l'intelligence) et de maîtrise de soi (effort de la volonté) » estime Frédéric Lenoir. L'homme libre est donc celui qui est maître de lui-même. Au quotidien, pour Jean-Louis Barrault, « la liberté, c'est la faculté de choisir ses contraintes ». Elle en devient alors un luxe.

Dans l'entreprise, « la liberté se conquiert et se maintient par la rentabilité. Et la rentabilité se maintient par la culture d'entreprise », selon Gérard Brémond, le fondateur de Pierre et Vacances.

Surtout, la liberté rend les gens intelligents dans l'entreprise. Quand ils sont trop enfermés dans leurs tâches, que la hiérarchie est trop pesante, ils ne s'épanouissent pas.

Liste

Avec le temps, je suis devenu un listeur infatigable. J'écris des listes sur tout et sur rien, pour me vider la tête. Je préfère encombrer une feuille de papier qu'un bout de mon cerveau. J'en ai des très importantes, pour ne pas dire vitales, comme des très futiles. Mais force est de constater qu'avec leur aide, je n'oublie pas grand-chose.

Lire

À la question du pourquoi lire des livres, Hubert Nyssen répondait: «parce que ce sont des modes d'emploi de la vie». Il a raison. Marcel Proust l'avait écrit en son temps: «Chaque lecteur est, quand il lit, le propre lecteur de soi-même.» «Lire, c'est apprendre sur soi, c'est appréhender le monde. C'est prendre la liberté, le pouvoir», concède Alberto Manguel. «Nous sommes ce que nous lisons, ce qui est dans notre cerveau est en partie le résultat de ce que nous y mettons», croit David Remnik. Par conséquent, comme le soutient Christian Bobin, «le temps passé à lire n'est pas vraiment du temps». Mieux, «lire est le seul moyen de vivre plusieurs fois», pour Pierre Dumayet. Avant d'écrire, lire est la passion de la vie de Pascal Quignard parce qu'il s'agit d'un «tapis magique qui me permet de traverser des siècles, des espaces». C'est aussi l'unique moyen de ne jamais être seul, même dans les pires moments de solitude. «La lecture ne m'a jamais déçu. Elle m'a toujours consolé de tous mes chagrins et de toutes mes épreuves. Elle m'a fourni des repères solides. Elle m'a apaisé dans mes colères et au milieu des tempêtes. Elle est devenue chez moi un vice dévorant autant charnel que spirituel», confie Georges Hourdin. Lire est encore une intarissable source de plaisir. «La lecture offre le plaisir. Nous pensons souvent que le plaisir est offert par les divertissements alors que le plaisir le plus haut se trouve dans l'approfondissement et, paradoxalement, dans la pensée difficile», assure Alberto Manguel. Sur cette voie, «ce qui importe ce n'est pas de lire mais de relire», pour Jorge Luis Borges. L'important, c'est aussi de ne pas oublier, comme Lichtenberg, que «lire c'est emprunter, en tirer profit, c'est rembourser sa dette».

Livre

« Tout ce que je sais de ma vie, il me semble que je l'ai appris dans les livres », disait Sartre. Edgar Morin complète : « Un livre qui compte nous dévoile une vérité ignorée, cachée, profonde, informe, que nous portions en nous, et il nous procure un double ravissement, celui de la découverte de notre propre vérité dans la découverte d'une vérité extérieure à nous, la découverte de nous-mêmes dans des personnages extérieurs à nous. » Pour Chantal Thomas, « quand on sort d'un livre, on entend autrement les conversations qui se tiennent autour de nous. C'est ça le bonheur de l'art, le relief que ça donne au monde. » Montaigne y voyait ainsi « la meilleure munition que j'aie trouvée à cet humain voyage ». On a malheureusement trop souvent l'impression que cette conscience se perd. « Même dans ces temps difficiles, j'aimerais bien que les jeunes, en particulier, comprennent que le livre reste un espace unique pour l'imagination et la liberté. C'est aussi pour cela que j'écris : avec la conviction que les livres sont de l'ordre du bonheur », affirme Bernard Chambaz. Bernard Fixot le rejoint quand il dit que le bon livre est celui qui rend heureux celui qui l'a acheté. Qui aime les livres serait donc heureux pour la vie… Le livre est enfin un produit d'une modernité jamais dépassée. « Le livre est le seul outil véritablement interactif, puisqu'on peut ouvrir à n'importe quelle page, revenir en arrière où aller de l'avant, et que les images surgissent en nous au détour des mots », disait Pierre Marchand.

Luxe

Le seul ? La liberté.

m

Majorité

« Chaque fois que vous vous retrouvez à penser comme la majorité des gens, faites une pause, et réfléchissez. » *Dixit* Mark Twain.

Malin

« Pour grandir, il nous faut être les plus malins », avons-nous coutume de dire à la Coopérative U. Pas besoin d'être les plus grands ni les plus forts pour avancer.

Management à la française

À chaque pays, à chaque culture son style de management. Du management français on dit qu'il se caractérise par une hiérarchie très verticale et par une dimension implicite des choses. Il faut savoir décoder des éléments qui ne sont pas toujours explicitement partagés. Notre histoire hyper-centralisatrice est passée par là. Nos entreprises ont plutôt une bonne image de recherche de performance, de créativité, il y fait bon vivre.

Mais comme tous les styles de management, le français est bousculé en profondeur ces dernières années par le style entrepreneurial des jeunes entreprises de l'univers digital, moins hiérarchisées, plus collaboratives, très créatives.

Manager

Le manager est avant tout quelqu'un qui donne du sens en permanence, qui motive encore et encore.

On peut donc dire que, d'une certaine façon, il aide le projet de l'autre.

« Le bon manager est celui qui rend visible la contribution de chacun et l'estime à sa juste valeur », selon Dominique Méda.

Le manager sait et doit reconnaître ce qui le mérite mais aussi sanctionner si nécessaire.

Marketing

Produit, prix, placement, promotion : ces quatre fondements influencent les stratégies marketing des entreprises depuis cinquante ans. Et les dernières évolutions de l'environnement, même rapides, ne semblent pas fondamentalement les remettre en cause. Réussir à lancer un produit et le faire vivre dans le temps supposent de passer au crible ces quatre critères de différenciation, avec ou sans Internet. En cas de vente multicanale, on va bien sûr décliner différemment certains des critères, mais il faudra bel et bien les considérer tous au regard des attentes des clients, comme avant la révolution Internet.

La variabilité du prix selon le profil de l'internaute sur certains sites est un exemple de l'exploitation à l'extrême du critère prix grâce aux nouvelles technologies.

Certains ajoutent parfois un cinquième P pour personnalisation. Il s'agit de s'assurer de s'approcher le plus possible de la réponse attendue par le client. Ce dernier a regagné du pouvoir sur les marques ces dernières années grâce aux nouveaux outils disponibles. Le contacter d'emblée de manière personnalisée renforcera les liens. Cela suppose une bonne exploitation des mégadonnées. Et par exemple une parfaite analyse des avis de consommateurs qui se multiplient.

Certains vont jusqu'aux 7 P en ajoutant la personne, soit la concentration sur la dimension humaine, l'expérience physique du client, et toute la partie process pour une relation sans couture avec les clients.

Et ceux qui arrivent à 10 ajoutent performance, partenariat et programmation. Mais, attention, restons simples.

Marque

« En quoi le monde serait-il différent sans elle ? » Pour Frédéric Messian, c'est la question que toute entreprise doit se poser pour challenger ses produits.

« Votre marque est ce que les gens disent de vous lorsque vous n'êtes pas dans la pièce », disait Jeff Bezos.

Mauvais

« Le premier jour où on se dit qu'on est bon, c'est le premier où on est mauvais », affirme avec raison l'entrepreneur Philippe Bosc.

Méditation

Je la pratique depuis une douzaine d'années. Elle m'est indispensable. Elle permet de déconnecter et de se recentrer, de souffler, de se recharger, de maintenir un équilibre. À chacun sa méthode pour y parvenir. Les supports de conseil et les applications sont nombreux.

Mégadonnées

Nous sommes à l'ère des big datas. Oh pardon, des mégadonnées, selon le *Journal officiel* depuis août 2014. Les bonnes données au bon moment, bien analysées, font la différence dans l'entreprise. Avec les nouvelles technologies le client prend de plus en plus le pouvoir. Maîtriser les données qui concernent le client permet à l'entreprise de garder un peu son pouvoir.

Les données et les espaces de vente qui y sont rattachés peuvent désormais être monétisés à travers le *retail media*, que certains dépeignent comme le nouvel eldorado des revenus dans la distribution. Cette activité pourrait devenir rapidement équivalente à la publicité à la télévision selon certains observateurs.

Mental

Les grands sportifs entraînent autant leur esprit que leur corps. Chez les meilleurs, c'est le mental qui fait la différence. On le dit entre un médaillé d'argent et un médaillé d'or : à haut niveau physique équivalent, c'est l'esprit qui a poussé l'un plus loin que l'autre.

Nous devrions plus souvent nous en inspirer dans l'entreprise.

Merci

Sans doute un des mots les plus importants en management et pourtant si peu prononcé.

Quand avez-vous dit merci pour la dernière fois dans votre entreprise ? Les bons leaders ne s'en privent pas.

MERCI est aussi l'acronyme de :

- Montrer l'exemple.
- Ecouter.
- Reconnaître les efforts.
- Confier les responsabilités.
- Informer.

Autant de missions de base du manager qu'il retient ainsi facilement.

Méthode PARA

Le point fort de *Construire un second cerveau* de Tiago Forte est la méthode de classement PARA que j'ai adoptée à tous les endroits où j'ai des documents à classer.

PARA pour Projects, Areas, Ressources et Archives, soit Projets, Domaines, Ressources et Archives en français. C'est un classement extrêmement simple et puissant qui clarifie la destination de chaque document ou sujet entrant.

- Les projets sont les sujets en cours qui ont une date de début et une date de fin.
- Les domaines sont les sujets d'intérêts généraux qui n'ont pas de date de fin et que l'on alimente régulièrement.
- Les ressources sont tous les éléments auxquels on peut avoir à se référer dans l'action.
- Les archives sont tous les éléments passés qui n'ont plus d'utilité dans les prochains temps.

Je ne pourrai plus me passer de cette méthode de classement tant elle donne un cadre clair au classement et vide la tête : on retrouve chaque document rapidement quand il le faut.

Mieux

On peut toujours faire mieux. Les phrases les plus banales au premier abord sont les plus difficiles à tenir. Celui qui a réussi a en tout cas toujours essayé de faire mieux. Faire mieux que ce qu'il a fait précédemment, faire mieux que ses concurrents, faire mieux pour ses clients.

D'un simple séminaire de cohésion d'équipe il y a longtemps, je retiens cette question puissante à partager régulièrement entre les membres d'une équipe : cela irait mieux entre nous si… ? Faites le test, c'est incroyable de vérité.

Mot

« Les mots et les idées peuvent changer le monde », selon Peter Weir. Alfred de Musset en avait la preuve : « On a bouleversé la terre avec des mots. » Je crois profondément au pouvoir de ces mots qui peuvent changer les choses. Le mot juste, celui qui touche, interpelle, met en mouvement. « Le pouvoir des mots est la force de l'humanité… », selon Franck Dunand.

Motiver

Motiver, c'est mettre en mouvement.

Il est utile de connaître ce dont les collaborateurs se plaignent. Il est encore plus utile de maîtriser ce qui les motive.

Les trois éléments de base sont : le salaire, la qualité des managers, et donc de l'ambiance de travail, et la clarté de la culture d'entreprise.

La synthèse de différentes études conduit à cinq sources essentielles de motivation des managers :

- Le contenu du métier lui-même et son côté stimulant.
- La mission, les responsabilités confiées, l'accomplissement : c'est la source de motivation

principale, qui passe par la capacité à être autonome dans la prise de décision.

- Les relations avec les membres de l'équipe, la collégialité, la capacité à développer des relations satisfaisantes.
- Les missions transversales dans l'entreprise pour sortir du cadre.
- La possibilité de développer ses compétences, de se former et donc de progresser.

Musique

« La musique me fascine, car elle est à l'image de l'univers, qui fait toujours du neuf avec de l'éternel : sept simples notes et puis… commence un véritable mystère », constatait Hubert Reeves. « Le vase donne une forme au vide et la musique au silence. » L'image est de Georges Braque. « Il y a certaines musiques qui sont capables de changer la vie d'une façon peut-être plus éloquente que les mots peuvent le faire, parce qu'elles disent ce qui est inexprimable, ce que quelqu'un a appelé l'irrespirable. C'est très haut vers l'absolu, les mots ne veulent plus rien dire. La musique est là pour dire ce que vous voulez exprimer », estime Julien Green. Et elle dispose de bien des qualités pour ce faire. Pour George Steiner, « la musique a un avantage extraordinaire sur la parole : elle ne peut pas mentir. La musique est la seule langue universelle ». Pour Frédéric Lodéon, « la musique c'est l'antidote au mal, et de plus son langage est immédiat, universel, sans barrière de langue ». Cet antidote a pris soin de Kurt Masur : « La musique m'a toujours guéri de tout. […] C'est une vraie joie qui ne s'est jamais démentie tout au long de ma vie. » Nietzsche l'a confirmé : « Sans la musique, la vie serait une erreur. »

n

Négocier

Il existe de très bonnes techniques, certaines très sophistiquées, sur l'art de la négociation. A minima :

- Savoir ce que l'on veut.
- Savoir ce que veut l'autre, connaître ses questions.
- Beaucoup écouter, faire parler.
- Lister les alternatives.
- Lâcher quelque chose pour obtenir autre chose.
- Ne pas hésiter à surprendre l'autre.

Et il ne faut jamais éloigner de son esprit la règle numéro un qu'apprend tout négociateur : l'absence de résistance augmente le degré de demande.

Les négociations commerciales dans la grande distribution sont souvent caricaturées. Les acheteurs doivent être exigeants mais le travail doit se mener dans le respect mutuel. Rien de plus important à tout moment que de rester fidèle aux valeurs fondatrices de l'entreprise.

Notes

J'ai toujours un carnet de notes sur moi. Je refuse de m'encombrer l'esprit avec des choses à faire, des idées, des choses vues que je préfère consigner au fur et à mesure. Je note tout, je ne perds rien, je trie ensuite. Je finis par garder ce qui me sera utile. À force, beaucoup est utile.

Avec l'évolution technologique, le smartphone peut judicieusement remplacer le carnet papier. Il permet d'y ajouter la dimension de la photo, en souvenir ou compte rendu. Une application de prises de notes vocale est particulièrement indispensable, notamment quand elle retranscrit vos propos.

« La seule règle absolue est de s'ajouter tout ce qu'on fait », pour Jean-René Huguenin. Je répète ici cette citation, mais elle est tellement importante à mes yeux.

Nouveau dirigeant

L'arrivée d'un nouveau dirigeant dans une entreprise est un moment délicat pour lui-même et très attendu par son équipe. Le mieux est de rester simple et de partager trois éléments :

- Qui l'on est.
- Quelle est notre vision pour l'entreprise.
- Comment on va la mettre en œuvre.

Numérique

Il y a quelque temps tous les états-majors des entreprises cherchaient à tirer parti de la numérisation de l'économie, c'est-à-dire de l'apport des nouvelles technologies numériques. Elles peuvent à la fois faire progresser le fonctionnement de l'entreprise elle-même, mais aussi améliorer les relations avec les fournisseurs et, surtout, les clients.

En réalité la question, comme chaque fois face à une nouvelle transformation, n'est pas d'avoir une stratégie numérique, mais bien d'avoir une bonne stratégie tout court dans un environnement fortement numérisé. Et derrière la dimension technique, il y a toujours la dimension sociale, humaine et physique. Une bonne application ne servira à rien si elle est mal prise en main par les équipes derrière. Toutes les dimensions doivent être prises en compte.

Pour prendre la pleine mesure des changements en cours, rien de mieux que de se déplacer et d'aller prendre le pouls des startups chez elles. À la Silicon Valley, à Berlin ou maintenant à Paris dans les incubateurs. Le dirigeant ressort différent d'une telle expérience.

En Europe, la transformation digitale du groupe allemand Axel Springer est souvent citée en exemple. Il faut en retenir que leur première tentative a été un échec cuisant. Puis quelques dirigeants se sont installés pendant quelques mois en Californie pour comprendre les technologies, sous l'impulsion de Mathias Döpfner, emblématique dirigeant. Ils en sont revenus avec les clés du succès. Et ils ne se sont pas trompés à la seconde tentative.

Numéro 2

« On peut être numéro 2 si le numéro 1 en vaut la peine. » Dixit Patricia Barbizet.

C

O

Objectif

Les objectifs doivent être clairement exprimés, réalisables, mesurables, et leur réalisation doit être contrôlée dans le temps.

Je vous conseille de mettre vos objectifs bien en évidence dans votre environnement, de sorte à les voir tous les jours. Plus vous les verrez, plus vous aurez envie de les atteindre. Plus ils seront élevés et plus vous avancerez. Et il y a encore mieux que des objectifs : une liste d'actions à enclencher pour atteindre ses objectifs. Cette liste est souvent négligée.

Obsessions

Certains dirigeants ont quelques obsessions auxquelles ils ne dérogent pas car elles ont fait leur succès.

C'est le cas de Jeff Bezos, le patron d'Amazon, pour qui il faut :

- Être obsédé par les clients.
- Inventer.
- Penser à long terme.
- Se dire que c'est toujours le premier jour...

Et parmi ses manies, face à chaque sujet il fait la liste des points positifs et des points négatifs avant de trancher.

Pour Steve Jobs en son temps :

- Focalisez-vous sur un objectif.
- Simplifiez autant que vous pouvez.
- Prenez tout en charge du début à la fin.
- Quand vous êtes derrière, passez devant.
- Pensez produits avant de penser profits.
- Déformez la réalité.
- Visez la perfection.
- Ne tolérez que des acteurs top niveau.
- Provoquez le face-à-face.
- Considérez à la fois l'ensemble et les détails.
- Soyez insatiable, soyez fou !

Les méthodes de travail et les valeurs de Steve Jobs sont résumées dans un discours de Tim Cook, en 2009 : « L'innovation est notre credo. Nous croyons à la simplicité. Nous rejetons des milliers de projets pour nous concentrer sur quelques-uns porteurs de sens. Nous croyons à la collaboration étroite et à la pollinisation croisée de nos groupes. Enfin, nous exigeons l'excellence de la part de tous nos départements et nous avons l'honnêteté de reconnaître nos erreurs et le courage de changer. »

Carlos Tavares : « Je suis un manageur soucieux d'adapter son entreprise et son business model à un monde qui évolue très vite en matière de mobilité tout en préservant la performance du court et moyen terme en en préparant le long terme. »

On dit Elon Musk dévoré par le désir de faire de l'espèce humaine une population multi-planètes et de faire de X un nouveau système complet d'information, de communication, de paiement...

Obstacle

«Ce qui barre la route fait faire du chemin.» Marc-Aurèle en était convaincu.

OneNote

Mon parti pris de base est de me vider la tête du maximum d'informations qui l'encombrent. C'est la meilleure façon de ne pas monopoliser mon esprit pour des petites choses qui n'ont pas d'importance et de ne rien oublier quand même.

Il existe pléthore d'applications qui prétendent nous aider à optimiser notre efficacité, à mieux nous organiser. Il n'y a donc pas de choix parfait et le risque est plutôt de perdre du temps à passer de l'une à l'autre en quête de la bonne.

En revanche l'intérêt de nombre d'entre elles est d'être multi-applicatives: elles synchronisent nos données entre notre PC, notre ordinateur portable, notre tablette et notre smartphone via le Web, ou plus précisément le cloud. Nous pouvons ainsi facilement retrouver nos données où que nous soyons.

Mon second cerveau est accessible depuis n'importe quel support digital, c'est Microsoft OneNote.

Je l'utilise pour:

- Noter mes listes à faire par thème.
- Prendre des notes rapides à tout moment que je traiterai plus tard: tout arrive au même endroit avant tri.

- Garder à portée de main certaines informations dont je peux avoir besoin plus tard.
- Enregistrer les bons articles que je repère sur le Web.
- Surtout, j'y enregistre des notes de toutes sortes classées par thèmes.

OneNote est ma base de données personnelle. C'est dans OneNote que j'ai écrit cet abécédaire !

Opinion

« Ce ne sont pas les choses elles-mêmes qui nous troublent, mais l'opinion que nous nous en faisons », affirmait déjà Epictète. « Donc, lorsque quelque chose nous contrarie, nous tourmente ou nous chagrine, n'en accusons personne d'autre que nous-mêmes : c'est-à-dire nos opinions. » Nietzsche le rejoint : « Il n'y a pas de faits, mais seulement des interprétations. »

Dans notre société marquée par l'omniprésence des réseaux sociaux, l'opinion est devenue le cinquième pouvoir. Certains ne le prennent pas assez au sérieux. Il bouleverse pourtant bien des rapports de force.

Optimisme

Harry Truman cite cette différence : « Un pessimiste fait de ses occasions des difficultés, et un optimiste fait de ses difficultés des occasions. »

Organigramme

Il doit être simple et compréhensible de tous. Il traduit beaucoup de la culture et de l'efficacité de l'entreprise. Et je ne parle même pas des entreprises qui n'en ont pas un immédiatement disponible.

Organisation

Pour bien travailler, il faut être bien équipé et organisé.

Dans la journée, se trouvent sur mon bureau uniquement les dossiers à traiter. Pour ce faire je suis organisé de la manière suivante :

- Chaque dossier en cours est placé dans une pochette coin transparente. L'aspect transparent permet un accès direct au type de contenu.
- Tous les dossiers, donc toutes ces pochettes, sont rangés dans une petite desserte à casiers et sont facilement accessibles.
- Les plus gros dossiers sont classés ailleurs. Mais je garde tout de même dans une pochette coin la dernière tâche d'un dossier à réaliser.
- Une fois traité, et si j'ai besoin de le conserver, le dossier est archivé.
- Voilà le principe général. La clé est de bien ranger tout dossier qui arrive dans une pochette coin. À partir de là on ne gère plus une pile de documents, mais une pochette facile à déplacer et traiter.

Au-delà du principe de classement, le circuit de l'information doit être efficace. Sur mon bureau je n'ai qu'une seule bannette : c'est la bannette d'entrée de tout ce qui arrive de l'extérieur. Le moment opportun, je prends l'un après l'autre chaque document arrivé : soit il est traité immédiatement et disparaît, soit il passe en pochette à coin puis dans le casier adéquat, soit il n'y a rien à faire et cela part directement dans la corbeille.

Depuis que j'ai mis en place cette discipline du dossier en pochette coin, c'est un plaisir de classer les priorités, traiter les dossiers clairement, avoir un bureau toujours rangé.

Je me suis intéressé à plusieurs méthodes dans les livres, je n'ai jamais réussi à en appliquer une dans sa totalité et j'ai finalement construit la méthode qui me convient. Comme vous le ferez probablement vous-même en vous inspirant de ce que vous aurez lu.

La même discipline est de rigueur pour gérer sa messagerie. Dans le domaine numérique, j'ai simplement ajouté la méthode de classement PARA, qui ordonne toutes mes archives où qu'elles soient.

Oser

« Ce n'est pas parce que les choses sont difficiles que nous n'osons pas, c'est parce que nous n'osons pas qu'elles sont difficiles », estimait Sénèque. Pour Goethe : « Quoi que vous puissiez ou que vous rêviez de faire, faites-le. L'audace a du génie, de la puissance et de la magie. » François Mitterrand était passé maître dans ce sujet : « Dans la vie politique, il faut être offensif. Si on se défend, on a déjà perdu. »

« Osez ! Osez ! Osez ! Avec une prudence audacieuse. » C'est le message que m'a transmis Louis Le Duff, patron fondateur du groupe Bridor, au succès international spectaculaire, et ancien de mon école, l'ESSCA.

P

Partager

Tout ce qui n'est pas partagé est perdu. La vie est trop courte pour ne pas faire circuler ses idées, son travail… de toute façon, comme disait Michel Serres, on est à l'époque où « tout est dans l'ordinateur » et donc partageable. Notre plus-value de manager est ailleurs, dans la mobilisation des équipes pour réaliser le projet de l'entreprise sur la base du savoir dont il faut tirer le meilleur.

Parties prenantes

Respecter toutes les parties prenantes de l'entreprise est essentiel : clients, collaborateurs, fournisseurs, prestataires, politiques, associations. Le chef d'entreprise n'a pas que la responsabilité de développer son entreprise, il a aussi une responsabilité sociale et sociétale. C'est tout particulièrement notre marque de fabrique chez Coopérative U, l'enseigne des territoires présente aux quatre coins des campagnes de France.

Passé

« Je n'ai pas le temps de m'occuper de ce qui s'est déjà passé, je m'occupe de modifier le futur. Ce qui m'importe, c'est ce qui se passe demain. » Le credo de Gérard Mulliez.

Passion

« Les passions font vivre l'homme, la sagesse le fait seulement durer », croyait Chamfort. Abraham Maslow pensait quant à lui que « le plus beau destin que puisse connaître un être humain, c'est d'être payé pour faire ce qu'il aime passionnément. »

Rien de grand ne se fait sans passion, dans l'entreprise aussi.

Peinture

« La peinture est une poésie qui se voit », suggérait Léonard de Vinci. Poussin disait lui que « c'est la pensée qui se voit ». Pour Djamel Tatah, « la peinture est la manière la plus silencieuse de s'exprimer ». Elle a un rapport particulier au temps. « L'écriture, c'est passer le temps. La musique, c'est le faire passer. La peinture, c'est l'effacer », selon Georges Perros.

Pensée

Toujours garder en tête les cinq étapes de la pensée, applicables en toutes circonstances :

- L’observation.
- L’analyse et l’élaboration d’une opinion.
- La décision.
- L’action applicative.
- L’action corrective.

On retrouve ces principes dans « Décider »...

Père

Un proverbe africain dit qu’« un père est un fils qui a réussi ». Un fils ou une fille à qui son père a transmis ce qui devait l’être pour faire une vie réussie. Cela a été mon cas. J’ai eu la chance de bénéficier d’une transmission professionnelle exceptionnelle de la part de mon père. Je lui en serai éternellement reconnaissant.

Perdre

« [...] il faut accepter l’idée du perdu ; accepter le perdu, le passé perdu, le rêve perdu, les amours perdues, les amis perdus, la vie perdue... » selon Edgar Morin. Difficile de vivre sans accepter cette notion de perte.

L’entreprise qui s’adapte doit être capable d’accepter de perdre un métier historique s’il n’a plus d’avenir, au profit ce celui qui fera sa réussite future.

Performance

À cette entrée, je n’ai pas trouvé mieux que la définition de Carlos Tavares, le patron de Stellantis :

« La pérennité d’une entreprise repose entièrement sur la performance, qui n’est pas que financière, mais aussi environnementale ou managériale. La première responsabilité d’un dirigeant, c’est d’obtenir des résultats qui protègent l’entreprise dans sa globalité, avec l’emploi qui est la conséquence du travail bien fait. Pour y parvenir, il ne faut surtout pas faire de politique. Il faut travailler en équipe et mettre une entreprise en ordre de marche pour affronter les situations darwiniennes. »

Attention : la performance ne se mesure pas qu'à la dernière ligne du bilan. Georges Plassat, ancien patron de Carrefour que j'ai connu, le disait : « Il n'y a pas de bonne performance d'entreprise qui ne se juge aussi en dehors des critères financiers. »

La performance personnelle ne se mesure quant à elle pas à sa seule présence dans l'entreprise. En France performance est trop souvent associée à présentéisme. Dans le contexte actuel cela a encore moins de sens.

Persévérer

L'homme d'action est confronté en permanence à l'adversité sous toutes ses formes. Devient leader celui qui persévère malgré tout, encore et encore, qui sait se réinventer sans jamais jeter l'éponge. Et plus il grimpe et plus il prend des coups et plus il doit persévérer.

La persévérance, sans aucun doute une qualité qui fait la différence.

Peur

« N'ayez pas peur » restera le vibrant mot d'ordre de Jean-Paul II. « Dans la vie, rien n'est à craindre, tout est à comprendre », croyait Marie Curie. Christian Boiron explique précisément ce que nous devons comprendre : « Ce ne sont pas les faits qui sont générateurs d'angoisse, d'agressivité ou de déprime, mais uniquement notre façon limbique de voir les faits. Ce n'est pas dans le réel que se forge le malheur, mais dans l'imaginaire. » Malgré les conseils, nous avons tous connu la peur. « Tous les hommes ont peur. Tous. Celui qui n'a pas peur n'est pas normal», affirmait Jean-Paul Sartre. Christophe André estime même qu'«on a besoin d'avoir peur, c'est un système d'alarme pour nous écarter des dangers». Jacques Rigaud y voyait une sorte de grille de lecture pour comprendre les autres. «Cherchez la peur, en vous ou chez les autres, et vous aurez dans la plupart des cas la clé de ce que vous ne vous expliquez pas.» À y réfléchir de plus près, n'en faisons-nous pas trop? Nous imaginons souvent le pire et il faut bien reconnaître qu'il ne se réalise pas. Or entre-temps la peur a pu nous paralyser dans l'action. Jean-Marc Roberts le résume à sa façon: «J'ai peur dans l'avion. J'ai peur des moustiques. J'ai peur de perdre ceux que j'aime. J'ai tellement peur de tout que, finalement, je crois que je n'ai peur de rien.»

Philosophie

«Qui suis-je? Que dois-je faire? Que puis-je croire et espérer? Voilà ce à quoi se réduit toute philosophie», aux yeux de Lichtenberg. «La philosophie est celle qui nous instruit à vivre», pour Montaigne. Pour André Comte-Sponville, c'est «penser sa vie et vivre sa pensée.» «Philosopher est et demeure interroger», pour Michel Meyer, pour qui elle est «l'art du sens». La philosophie ne sert qu'à une chose, comme l'énonce très bien Wittgenstein: clarifier les notions, les mots, les pensées.

Plainte

Les éléments de l'environnement dont se plaignent les chefs d'entreprise sont toujours les mêmes et sont par exemple mesurés dans le baromètre régulier qui leur est consacré par l'entreprise Axa:

- La fiscalité jugée trop lourde.
- La réglementation de plus en plus complexe, parfois excessive aux yeux de certains.
- Les difficultés de recruter des bonnes compétences.
- L'environnement économique en général.
- La judiciarisation : les litiges finissent de plus en plus vite au tribunal.
- L'évolution des risques.
- Le manque de valorisation du statut de chef d'entreprise : certains relèvent le déséquilibre avec le client qui a tous les droits.
- Les évolutions sociologiques avec de nouvelles générations qui ne se gèrent plus comme les précédentes dans l'entreprise.
- Le défi du passage à l'économie bas carbone.

Une fois que les choses sont dites, toujours les mêmes, soit on est en mesure de les changer ou de les faire évoluer, soit on est obligé de s'y adapter. Par définition l'homme d'action ne se plaint pas et agit. Il ne reste jamais indifférent aux plaintes de ses salariés, qu'il recense en permanence.

Les salariés se plaignent avant tout d'embêtements quotidiens :

- De la pression.
- Du manque de reconnaissance.
- Du travail inéquitablement réparti, d'un traitement inéquitable.
- Des niveaux hiérarchiques trop nombreux.
- Des réunions trop fréquentes.
- D'un matériel informatique dépassé.
- D'une mauvaise communication interne.

Si l'on resserre sur les cadres :

- Ils ne veulent pas être de simples exécutants.
- Refusent d'être enfermés dans une mission de pur reporting.

- Regrettent de ne pas être davantage associés aux grandes décisions.

Quant aux raisons plus profondes qui conduisent à quitter une entreprise, elles tournent principalement autour des relations humaines :

- Le manque d'écoute.
- L'excès de centralisation, la rigidité.
- L'absence de perspectives.
- Le manque de formation, de développement des compétences.

Plaisir

« Le plaisir est la seule chose pour laquelle il vaut la peine de vivre. Rien ne vieillit autant que le bonheur. » Oscar Wilde.

D'un côté toute entreprise cherche bien à faire plaisir à ses clients. Nombre de projets d'entreprise sont orientés sur ce thème.

De l'autre côté le management devient une source de plaisir quand :

- On parvient à recruter un beau talent.
- On développe ses collaborateurs dans le temps.
- On obtient ensemble les résultats prévus.
- On se dépasse.
- On continue à apprendre...

Plan B

Il est de la responsabilité d'une entreprise de prévoir un certain nombre de plans B qui lui permettraient de faire face à une situation de crise potentielle. Un exemple tout simple est celui du départ précipité de son directeur général. À tout moment il s'agit d'imaginer qui est pressenti pour le remplacer, qui en serait capable même ponctuellement pour assurer la continuité de l'entreprise. Prendre du recul par rapport au quotidien pour identifier les plans B à prévoir est incontournable.

Politique

« La politique, c'est le goût de l'avenir. » Belle définition de Max Weber. Pour François Mitterrand, c'était « comment vivent les gens ». « Il n'est rien de plus grand, de plus beau, de plus important que la politique. La vraie. Celle qui obéit à son but spécifique : la recherche permanente du bien commun. Si la nature humaine ne tirait pas de profit à vivre en collectivité, aucune société ne serait stable ni durable. Certes, derrière cette exigence, il y a aussi les manœuvres, les intrigues, les équivoques de tous ceux qui désirent le pouvoir ou l'exercent : il n'est pas de politique absolument pure. Les cris d'orfraie poussés pour dénoncer la politique politicienne relèvent de la naïveté ou de la posture », expliquait Denis Jeambar.

La différence entre la politique et l'entreprise est que la politique est aujourd'hui menée à court terme et qu'une entreprise se gère à long terme.

Pourquoi ?

Une des meilleures questions, à répéter en série après chaque réponse, pour aller au bout des choses. Comme le fait le petit enfant qui découvre le monde.

Pouvoir

« Exercer un pouvoir responsable, c'est comprendre que chaque mot définit pour l'autre un possible dont il s'emparera peut-être avec jubilation pour enfoncer les barrières de l'impossible », explique Bruno Jarrosson.

Pour Jacques Attali, « le pouvoir, c'est de disposer du temps des autres ».

Pour un dirigeant qui détient le pouvoir, le plus important est de ne pas le gérer pour le garder, mais bien de l'exercer, en prenant tous les risques qui font la noblesse du métier. Le pouvoir lui donne plus de responsabilités que de droits.

D'une façon plus générale, la question de la transformation du pouvoir est un élément fondamental de la mutation sociétale. La diffusion tous azimuts de l'information redonne du pouvoir au citoyen. Les rapports s'inversent dans de nombreux domaines : à l'école, dans la médecine, mais aussi dans l'entreprise. Le pouvoir ne s'exercera plus comme avant.

L'ancien pouvoir était traité comme une monnaie, fermé, inaccessible, piloté par une poignée de leaders. Le nouveau doit être vu comme un courant, produit par un grand nombre d'acteurs, il est participatif, piloté par la masse, son fonctionnement est ascendant. L'objectif n'est plus de le stocker mais de le canaliser.

Attention : « Le pouvoir finit toujours par user même les plus disruptifs », selon Françoise Fressoz dans *Le Monde*.

Première et dernière impression

Toute entreprise doit scrupuleusement soigner son premier et son dernier contact avec chacun de ses clients, car il va conditionner un ingrédient crucial de la réussite : la fidélité. C'est pourquoi, par exemple, il ne faut pas hésiter à appeler les hôtesses d'accueil et les standardistes des « directrices de la première impression » et les hôtesses de caisse les « directrices de la dernière impression ». La mission de ces collaborateurs dans l'entreprise est fondamentale.

Préparation

« Rien ne vaut la puissance de l'entraînement », pour Michel Serres. La préparation est le secret de la réussite.

Plus on a de responsabilités, moins l'improvisation est possible. Les sportifs nous l'apprennent tous les jours. Léon Marchand devient champion olympique à l'issue d'une course de quelques secondes, mais en réalité après des mois de longue et intensive préparation.

Il ne faut toutefois pas tomber dans l'excès inverse : à force de trop se préparer, finir par ne rien faire.

Président

Le président :

- Est garant de la cohésion interne.
- Inspire par sa vision et le projet qu'il porte.
- Pousse à l'action.

Il doit veiller :

- Au sens des priorités.
- À l'innovation.
- Aux talents.
- À la vitesse.

Je n'oublierai jamais ce conseil de mon premier patron, Rémy Pflimlin, alors à la tête du quotidien régional *L'Alsace* : « Échanger avec son président, c'est ne pas lui apporter des problèmes mais des solutions. Il en a déjà suffisamment à résoudre pour que l'on ne vienne pas lui en ajouter sans esquisse de remède. » Et pourtant...

Problème

Solutionner un problème suppose d'abord de parfaitement l'analyser et le caractériser, en s'aidant du QQOQCCP. Quand cette étape est bien menée les solutions commencent déjà à émerger.

Concrètement, on peut suivre cette démarche :

- Identifier le problème à régler.
- Le définir.
- Identifier toutes les solutions possibles.
- Définir les conséquences positives et négatives de chacune.
- Choisir la solution qui comporte le plus de conséquences positives et le mois de conséquences négatives.
- L'appliquer et faire retour sur le résultat.

Procrastiner

Cette tendance à remettre à plus tard ce qu'on pourrait faire maintenant, au point de ne plus faire grand-chose, peut devenir le quotidien de certaines personnes. Au point de paralyser des entreprises ou des institutions entières.

Celui qui réussit ne cède jamais à cette facilité. Il agit. Il n'y a pas d'autre solution contre ce mal : juste prendre le courage d'agir, de rentrer dans l'action par une première action, puis une seconde... jusqu'à finaliser la tâche qui au départ paraissait immense.

Productivité

Certes la productivité est une exigence pour l'entreprise. Mais il ne faut pas tout lui sacrifier. Notamment les moments de convivialité dont nous avons parlé plus haut. Une entreprise, ce sont des résultats à atteindre, mais c'est d'abord des hommes et des femmes qui ont plaisir à travailler ensemble, autour d'un projet, pour produire ces résultats. Leur productivité sera d'autant meilleure qu'ils partageront un minimum de complicité.

Profils

Il existe différents profils d'hommes et de femmes d'action :

- Les visionnaires hors normes qui défrichent et inventent en permanence.
- Les managers tendance gestionnaires.
- Les bâtisseurs toujours en quête d'un nouveau projet à mettre en œuvre.
- Les résignés enfermés dans un métier qui ne les épanouit plus.
- Les combattants que l'on retrouve beaucoup dans les plus petites entreprises.
- Et parmi eux les entrepreneurs individuels qui se sont mis à leur compte...

Où vous situez-vous ?

Progrès

« Il existait, depuis environ 150 ans, une "loi de progrès" selon laquelle demain serait mieux qu'aujourd'hui, et aujourd'hui mieux qu'hier. Or, nous réalisons aujourd'hui que le progrès apporte le confort, mais pas le bonheur. D'où un besoin de redéfinition du progrès lui-même, et surtout du modèle qui le sous-tend. » L'analyse est de Pascal Picq, paléoanthropologue.

« L'important, ce n'est pas de faire plus, c'est de faire mieux » assure Francis Bacon. Sur cette voie, « les vrais hommes de progrès sont ceux qui ont pour point de départ un respect profond du passé » défendait Ernest Renan.

Projet

Décliner systématiquement chaque projet selon la même démarche :

- Définir clairement les enjeux.

- Définir les objectifs à atteindre.
- Fixer les délais à respecter.
- Dresser la liste des acteurs impliqués.
- Détailler le plan d'action.
- Analyser les résultats.
- Mettre en œuvre les éventuelles actions correctives.

À force de traiter chaque projet sous ce prisme on devient rodé à traiter ce cadrage pour une meilleure réussite.

Projet personnel

Disposer d'un projet simple et clair auquel on peut se référer sans cesse est essentiel. Ce n'est pas tout de le dire, d'avoir quelques bribes en tête, il faut faire l'effort de l'écrire avec soin. Cet effort initial fondamental va vous faire gagner un temps fou dans la vie. Et vous aurez plaisir à venir le réajuster au fur et à mesure de vos expériences et des leçons que vous en tirez.

Le projet personnel :

- Est basé sur la connaissance de soi acquise.
- S'articule autour des grands piliers d'une vie.
- Est écrit en détails et décliné en objectifs à atteindre
- suivis dans le temps.

Il donne sa raison d'exister.

Projet d'entreprise

Le projet d'entreprise :

Quand on est chef d'entreprise :

- Voilà la raison d'être du chef d'entreprise que de formaliser le projet de son entreprise.

- Il s'appuie sur les fondations de l'entreprise : ses valeurs profondes qui sont à lister, sa culture.
- Il établit une vision de l'avenir.
- Il précise une politique et les partis pris de l'entreprise : ce sont les décisions prises d'avance, quand on est face à la situation, on sait immédiatement comment y réagir.
- Il exprime en quelques lignes simples la mission de l'entreprise, ce pour quoi l'équipe se retrouve chaque jour.
- Puis une stratégie, c'est-à-dire ce qui va être fait, et qui est décliné en objectifs.
- Il aborde toutes les dimensions de l'entreprise : ressources humaines, organisation, finances, systèmes d'information, communication interne et externe...
- Au-delà de la version écrite détaillée, il faut des versions de communication à l'équipe : en affichage dans les lieux collectifs, en distribution individuelle sous forme d'un petit support pédagogique.
- Les salariés n'agissent jamais aussi bien que lorsque le sens de leur action quotidienne est clair.

Quand on est salarié :

- Il est important de disposer d'un projet d'entreprise clair.
- On doit y trouver de quoi justifier l'action quotidienne, notamment un repère indiscutable pour les moments difficiles.

Le nec plus ultra du projet d'entreprise est par exemple celui du distributeur anglais John Lewis, qui garantit à ses salariés « le droit au bonheur grâce à un emploi utile et satisfaisant dans une entreprise performante », engagement gravé dans la constitution de l'entreprise. Cent ans après sa rédaction elle est plus que jamais d'actualité dans cette entreprise où il fait très bon vivre.

Quand une entreprise dispose d'un projet basé sur une culture d'entreprise, des valeurs, une vision, avec un sens du long terme, les salariés s'identifient et donnent alors naturellement le meilleur d'eux-mêmes.

Promenade

J'aime bien l'idée de management par la promenade : circuler, aller au contact des collaborateurs, partout, parfois de manière inattendue, pour prendre le pouls de l'entreprise. Le manager ne doit pas rester dans sa tour d'ivoire. Ces moments privilégiés sont le prétexte à de petits gestes, des moments d'écoute et de partage qui valent mille théories sophistiquées de management.

Promotion

Une des difficultés actuelles dans de nombreuses entreprises est que la promotion interne est moins fréquente. Les hiérarchies se resserrent et donc les opportunités se raréfient. Du coup les propositions portent de plus en plus souvent sur des mouvements horizontaux, qui ne satisfont pas toujours les collaborateurs.

Dans un tel contexte la valeur des hommes et des femmes avec qui l'on travaille, la force du projet, l'intensité de la culture d'entreprise peuvent faire la différence.

Proposer

« Que proposez-vous ? » Telle est la question que je pose à toute personne qui vient me voir avec un problème, attendant du patron la solution miracle. Et bien souvent elle découle logiquement de cette simple question.

q

Qualité

Il n'y a pas de succès durable sans grande qualité.
L'entreprise a deux qualités à gérer :

- La qualité externe : celle tournée vers les clients, qui se mesure par leur satisfaction des produits et services de l'entreprise.
- La qualité interne : elle se concentre sur l'organisation de l'entreprise pour optimiser ses méthodes de fonctionnement.

Ce sont bien ces deux facettes dont le dirigeant doit rester proche.

Questions

« Les gens qui réussissent posent de meilleures questions et, par conséquence, ils obtiennent de meilleures réponses. » *Dixit* Tony Robbins.

Que ce soit pour analyser une situation ou faire preuve de créativité, rien de mieux que de poser quelques bonnes questions.

Ma préférée : quelle est la chose essentielle que je peux faire tout de suite ?

La plus utile quand votre interlocuteur tourne en rond : quelle est exactement votre vraie question ?

Une de mes favorites qui vient de mes échanges avec Guillaume Pannaud, patron de TBWA France : qu'est-ce qui vous empêche de dormir ?

Pour l'entreprise : mon entreprise est-elle assez contemporaine ? Veut-on être leader, challenger ou suiveur ?

Sinon, il n'est pas inutile de s'inspirer des différents types de question suivants :

- Questions ouvertes, pour faire parler : pourquoi, comment, de quelle manière, pour quelle raison, parlez-moi de...
- Questions fermées pour vérifier, obtenir une réponse brève : qui, quand, où, combien, est-ce que, et toute question avec une alternative.
- Questions relais pour inciter à être factuel : c'est-à-dire, par exemple, en quoi, qu'entendez-vous par ?
- Questions miroir, pour faire préciser, développer, approfondir : répéter la fin de la phrase ou le dernier mot prononcé avec une intonation interrogative.
- Questions suggestives pour influencer, manipuler : questions et réponses, questions interro-négatives.
- Questions pièges pour déstabiliser, tester : prêcher le faux pour savoir le vrai, poser une question dont l'autre est censé ignorer la réponse.

r

Recruter

Recruter est devenu une de mes missions préférées dans l'entreprise. L'entretien de recrutement est avant tout une affaire de séduction, de belle rencontre potentielle. Ne pas hésiter à mettre le candidat en situation et à reformuler ce qu'il dit pour bien se comprendre. L'entretien est un élément d'une démarche plus large dont toutes les étapes sont importantes :

- La procédure de recrutement elle-même : un guide d'entretien est indispensable.
- L'intégration dans l'entreprise.
- L'évaluation du collaborateur recruté quelque temps plus tard.
- Sa formation.
- Son suivi dans le temps.

Parmi les compétences clés à réunir chez un candidat au cours d'un recrutement dans le contexte actuel, je dégage :

- Une intelligence sociale et relationnelle, intégrant l'écoute.
- Une capacité de communication.
- Des aptitudes à collaborer facilement.
- Une curiosité pour apprendre.
- Une grande capacité d'adaptation dans un esprit transdisciplinaire.
- Des capacités d'analyse et de synthèse dans un environnement en mutation permanente et riche de mégadonnées.
- Des capacités de résolution de problèmes.

L'exercice du recrutement s'éloigne bien souvent de ce schéma tant les candidatures sont devenues rares parfois.

Machiavel allait jusqu'à dire que l'intelligence se mesure aux personnes qui nous entourent.

Recul

Le leader s'interroge régulièrement sur ses pratiques de management : comment on travaille, ce qui va, ne va pas, ce qu'on peut améliorer en termes de conduite de l'équipe. La pratique ne doit pas se figer mais rester vivante.

Regarder

« C'est le regardeur qui fait le tableau », notait Marcel Duchamp. Le bon regardeur se place d'abord à la bonne distance. Elle « est celle qui permet d'embrasser d'un seul regard le tableau dans son intégralité, sans que le lointain produise les effets de flou… Elle correspond au nombre de pas que le peintre dans son atelier parcourait en reculant pour juger l'effet de ce qu'il venait de peindre », selon Hubert Comte. Le même défend l'idée de savoir prendre le temps devant une œuvre. « Il faut savoir consacrer du temps à chaque œuvre : choisir le mot qui caractérise l'œuvre, comparer à une autre en mémoire, dénombrer les personnages, les couleurs, le nombre d'objets. » « C'est bien pour cela qu'il est préférable de comprendre un seul tableau plutôt que d'en voir en toute hâte des milliers sans rien comprendre », estimait Federico Zeri. Combien de fois êtes-vous vraiment resté plus de cinq minutes devant un tableau ? Il s'agit de regarder avec les trois repères que constituent la lumière, l'ombre, la perspective. « Il faut situer l'œuvre d'art dans son contexte et la mettre en rapport avec le répertoire figuratif de son époque », pour Zeri, qui rappelait que les sens de lecture diffèrent selon les époques.

Regret

« Dans la vie on ne regrette que ce qu'on n'a pas fait », selon Jean Cocteau. Peu importe si on se trompe, au moins on a fait.

Relation client

La gestion de la relation client est un outil de base pour le dirigeant. Maîtriser la qualité des contacts avec les clients, quelle que soit la forme qu'ils prennent, mais aussi bien organiser les remontées de clients et en tirer profit pour améliorer le fonctionnement de l'entreprise est une responsabilité à intégrer dans sa gestion.

Remettre en cause

«Observer d'un angle différent les choses que l'on a tous les jours sous les yeux, ou mieux encore, à travers un verre grossissant, est souvent un moyen d'étudier le monde avec succès.» La recette est de Lichtenberg. «Rien n'est jamais acquis, rien ne va jamais bien, il faut autant d'énergie pour faire prospérer une réussite que pour l'obtenir», nous rappelle Jacques Rigaud.

Rentes de situation

Ces dernières années les rentes de situation de certaines activités traditionnelles ont fortement été ciblées par de nouveaux entrants aux pratiques disruptives. C'est le cas dans le transport, dans l'hôtellerie par exemple.

Face à ces nouveaux entrants, certains dirigeants ont parfois commis trois erreurs:

- Ne pas croire au changement des usages.
- Ne pas investir la disruption en pensant préserver leur rente.
- Ne pas avancer par essai/erreur pour apprendre dans le changement.

Nous sommes dans un monde où les rentes sont désormais attaquées rapidement.

Reporting

Et si les collaborateurs chargés des reportings les arrêtaient et s'occupaient à nouveau des clients et de manager leur équipe? L'entreprise n'y gagnerait-elle pas davantage?

De nombreuses études montrent que beaucoup de cadres passent trop de temps à produire et faire du reporting.

Réseaux sociaux

Bien les utiliser n'est pas simple. Mon principe est de les utiliser en trois tiers de temps :

- Un tiers pour la promotion de l'entreprise.
- Un tiers concernant le marché.
- Un tiers plus personnel sans aller au trop personnel, auquel je me suis toujours refusé.

Dans tous les cas le leader ne peut pas en être absent. Impossible pour l'homme d'action de ne pas être connecté à son réseau professionnel via un outil, le plus célèbre étant LinkedIn.

Il permet de rester en contact avec des interlocuteurs parfois plus éloignés que son réseau habituel. Il permet de partager des informations professionnelles et de profiter de celles de ses connaissances, en guise de veille permanente. C'est enfin une source de contacts pour recruter ou se faire recruter dont on ne peut plus se passer.

Dans cet esprit ce n'est pas tout de s'inscrire : il s'agit de maintenir son profil à jour et de publier régulièrement des informations. Et quand on en est au stade de l'influence, c'est à la fois un plaisir et une responsabilité que de partager les tendances de son métier, jusqu'à pouvoir faire bouger les lignes.

Me concernant, il m'arrive désormais régulièrement qu'un post soit repris par un média ou dans une dépêche AFP. Le plus incroyable ? Voir son post X à l'écran dans le journal de 20 h 00 de TF1.

Respect

« Respecter dans chaque homme l'homme, sinon celui qu'il est, au moins celui qu'il pourrait être, qu'il devrait être », selon Henri-Frédéric Amiel. Qui veut être respecté respecte d'abord les autres.

Le respect est une des premières attentes des salariés pour vivre heureux dans l'entreprise.

Respirer

« La seule chose qu'on garde de la naissance à la mort est la respiration », dit l'auteur et ancien moine Jay Shetty. Autant en prendre soin.

Il n'est pas facile de trouver la bonne façon de bien respirer parmi toutes les méthodes qui existent et d'en faire une discipline tenable dans le temps.

Ma pratique me conduit à différents exercices mais celui-ci est pratique à tout moment :

- Inspirer profondément par le nez et gonfler uniquement le ventre comme un ballon pendant dix secondes.
- Retenir pendant cinq secondes.
- Vider tout en creusant l'abdomen pendant dix secondes.
- Recommencer trois fois.

C'est un exercice simple et facile, qui passe inaperçu en public.

Autre pratique très utile pour se poser : la cohérence cardiaque. C'est une ressource qui permet de modifier le rythme du cœur pour atteindre un état de cohérence et d'équilibre intérieur optimal. L'impact d'une pratique régulière est assez bluffant. Le mieux est de vous plonger dans cette application : RespiRelax+. La méthode suppose un peu de pratique, mais fait un bien fou.

Responsabilité

Notre responsabilité ne s'arrête pas aux bornes de nos villages, de nos villes ou de nos régions. Ce qu'attendent désormais les citoyens des entreprises, c'est qu'elles prennent toute leur part dans la lutte contre la crise écologique. Nous devons être au rendez-vous de ce défi du siècle. Notre engagement d'aujourd'hui deviendra un avantage compétitif demain face à nos concurrents inactifs.

Ressources humaines

La première ressource de l'entreprise. La qualité de l'équipe que l'on constitue conditionne la réussite du projet commun. Il ne faut pas dévier de cette conviction malgré les difficultés de recrutement que l'on peut avoir.

Chaque recruteur le sait : recruter avec un doute n'est jamais bon, souvent le doute se concrétise et se transforme en risque. Toujours garder sa ligne de conduite et choisir le meilleur candidat pour le poste. S'il n'est toujours pas là, relancer la recherche.

Jack Welsh, le fondateur de General Electric, avait un principe 20-70-10 dans la gestion des ressources humaines : promouvoir les 20 % meilleurs au sommet, garder les 70 % au centre et se séparer régulièrement des 10 % les plus mauvais.

Réunion

Les bonnes pratiques de Google, largement relayées, sont un peu devenues le standard des principes à respecter pour ne pas transformer les réunions en pertes de temps. La réunionite improductive est un symptôme de base dans l'organisation défaillante.

Parmi les règles d'or de Google, on peut retenir :

- Chaque réunion a son responsable identifié, y compris une réunion de brainstorming.
- Chaque réunion a son objectif et son organisation.
- Il n'y a donc pas de réunion sans but précis ou par habitude.
- Il n'y a pas plus de huit participants à la fois et jamais de participant superflu qui n'a rien à faire là.
- Le timing est systématiquement respecté.
- Chaque participant s'implique réellement et ne vient pas là pour traiter ses mails ou fuir son bureau...

L'approche de Jeff Bezos est aussi utile: pas de PowerPoint mais une note courte que tous les participants doivent lire avant le début de la réunion pour y contribuer efficacement.

Rêve

« Et même si le temps presse
Même s'il est un peu court
Si les années qu'on me laisse
Ne sont que minutes et jours
Et même si l'on m'arrête
Ou s'il faut briser des murs
En soufflant dans les trompettes
Ou à force de murmures
J'irai au bout de mes rêves
Tout au bout de mes rêves
Où la raison s'achève
Tout au bout de mes rêves. »

Jean-Jacques Goldman, *J'irai au bout de mes rêves*[1]

« Faites que le rêve dévore votre vie, afin que la vie ne dévore pas votre rêve », nous exhortait Antoine de Saint-Exupéry.

Rien

« Faire l'expérience qu'on n'est rien est une chose nécessaire sur le chemin de la vie », pour Nicolas Bouvier. Napoléon Bonaparte en savait quelque chose d'expérience : « Du triomphe à la chute il n'y a qu'un pas. Un rien a toujours décidé des plus grands événements. »

---

1. « J'irai au bout de mes rêves », paroles et musique Jean-Jacques Goldman, album *Minoritaire*, 1982, Universal Music Publishing Mgb France.

Rire

« La plus perdue de toutes les journées est celle où l'on n'a pas ri. » Cette citation de Chamfort est bien connue. «Le rire, c'est une façon d'aborder la vie. L'humour comme "politesse du désespoir"... » Raymond Devos était du même avis : « Pour ne pas s'angoisser, pour ne pas craquer, on a inventé le rire. Une soupape. La crise de rire ne sert qu'à rendre supportable certaines choses. C'est une libération. Un contrepoids à la réflexion grave. » Pour Charlie Chaplin, « l'humour nous aide à survivre et à demeurer sain d'esprit». C'est un tranquillisant sans aucun effet secondaire, selon un bon mot.

Risque

« Le plus grand des risques, c'est de ne pas prendre de risques. » Telle est une des paroles favorites de Nicolas Sarkozy.

Et dans l'entreprise force est de constater que la réussite est souvent proportionnelle au risque pris.

Rituel

Je suis pleinement convaincu de l'intérêt des rituels pour consolider la culture d'entreprise. Fêter un départ, une naissance, une médaille du travail autour d'un verre de l'amitié, le barbecue de l'été, sont autant d'occasions fortes de transmettre, verbalement et non verbalement, des messages forts sur les valeurs de l'entreprise. Il est courant d'entendre que ce sont des moments qui se perdent, la nouvelle génération préférant garder plus de temps pour sa sphère personnelle. Et le paradoxe est là : ces mêmes personnes vont ensuite passer du temps sur Facebook pour échanger sur les coulisses de l'entreprise avec des collègues... Il faut insister et persévérer : les moments de convivialité qui sortent du cadre permettent en quelques heures aux gens de mieux se connaître, là où il leur aurait fallu des mois dans les couloirs de l'entreprise.

Robot

On nous promet une prochaine robolution. Nul doute qu'elle va arriver et qu'elle va bouleverser bien des métiers. Les tâches à faible valeur ajoutée leur seront dévolues, surtout quand ils seront animés par une intelligence artificielle.

Roman

Pour François Busnel, « le devoir d'un roman est d'enseigner tout en divertissant, et ce qu'il enseigne, c'est reconnaître les embûches du monde ». Les affronter n'est pas de tout repos. Du coup, « les non-lettrés jouissent de cet avantage inouï de pouvoir passer avec quiétude à côté d'eux-mêmes ; ce n'est pas sans repos. Les grands romans ont tous un effet de miroir qui favorise la prise de conscience de nos insuffisances, du décalage irritant qui existe entre nos rêves et ce que nous en avons fait », estime Alexandre Jardin. Pour Daniel Pennac, « le roman, c'est l'aventure intérieure ».

Rosebud

Un mot mythique pour tous ceux qui ont aimé *Citizen Kane* et qui sont attentifs à leurs Rosebud. Pour Pierre Assouline, nos Rosebud sont des détails, « les détails sont les refuges des merveilles de la vie ».

Routines

L'homme ou la femme d'action fuit la routine, le quotidien banal, au profit de projets sans cesse renouvelés et, surtout, du sentiment d'avancer dans sa vie.

Mais sur cette voie, a contrario, bien formaliser les petites routines nécessaires au bon accomplissement des choses est une pratique indispensable. Cette entrée est donc bien notée au pluriel, car il est question de tout sauf de routine.

Il s'agit d'écrire sous forme de listes l'enchaînement des actions à mener pour réussir des tâches répétitives et ainsi gagner du temps sans rien oublier. Après chaque pratique l'idéal est d'ajuster la liste en fonction de ce que l'on vient de vivre pour l'améliorer.

On se vide donc la tête de la tâche en question et on ne consulte la routine concernée que lorsque la tâche se présente.

Les routines peuvent judicieusement être complétées d'une éphéméride des tâches qui se présentent toujours au même moment dans le calendrier, de sorte à ne pas les rater.

Enfin garder en tête ce dicton populaire : « Ce que l'on connaît trop bien, on finit par le faire moins bien. »

S

Sables mouvants

Plus il y a de difficultés, plus on s'agite, plus on s'enfonce. C'est le principe des sables mouvants. Pour ne pas s'enfoncer, rester immobile à certains moments. Et attendre que l'agitation passe.

Sacrifices

L'image est connue, derrière une grande victoire, on ne voit que le sommet de l'iceberg. On ne voit pas tous les efforts et les sacrifices qui ont été faits au préalable et qui sont vraiment à la source du succès.

Sagesse

«La sagesse, c'est le maximum de bonheur dans le maximum de lucidité», pour André Comte-Sponville. Elle suppose un travail sur soi, une transformation personnelle. «La recherche philosophique, c'est donc d'abord celle d'une connaissance de soi qui permette de vivre de manière qui rende plus homme. La sagesse étant ce plus d'humanité, on peut considérer que le sage est celui qui vit plus pleinement sa vie d'homme que les autres et qui, d'une certaine manière, vit selon toutes les richesses qu'il possède en lui, d'une façon non seulement harmonieuse avec lui-même, mais harmonieuse avec les autres ainsi qu'avec l'univers», pour le prêtre philosophe Samuel Rouvillois.

Schéma heuristique

C'est le fameux *mind-mapping* qui vient des États-Unis. J'y recours surtout pour la créativité. Je prends une page blanche, j'inscris le titre du schéma au milieu et je me laisse guider par mes pensées pour en écrire les branches. Je n'hésite pas à raturer, corriger, griffonner, quitte à la recopier au propre une fois que le résultat semble satisfaisant.

Certains prennent des notes avec ces cartes, d'autres rédigent leurs synthèses avec. Tout est question de sensibilité personnelle à ce type d'outils. Mais il serait dommage de s'en priver totalement. Il suffit de tester pour en être convaincu. Prenez une page blanche...

Se battre

« Songer qu'on n'arrête jamais de se battre
Et qu'avoir vaincu n'est trois fois rien. » Aragon.

Et le danger n'est pas forcément où l'on croit: « Ceux qui refusent le combat sont plus grièvement blessés que ceux qui y prennent part », selon Oscar Wilde.

S'emparer de

« La vie, c'est ce dont on s'empare. » Louis Guilloux.

Secours

Toujours disposer de quelques questions de secours à se poser par temps difficile.

Exemple 1: quelle est la chose essentielle que je peux faire tout de suite?

Exemple 2: est-ce vraiment important? À l'échelle de ma vie, de mon parcours, est-ce vraiment si important?

Exemple 3: à quoi ressemblerait ma vie sans ce problème? Cette question pousse à imaginer la vie sans le problème, à se concentrer sur un futur souhaitable.

Sécurité

Le dirigeant veille en permanence à la sécurité de son entreprise et de ses composantes, c'est une évidence que de l'écrire.

Il l'est peut-être moins d'ajouter que la cybersécurité est désormais une priorité absolue. Les exemples d'escroqueries, de vols de données sensibles, de pertes de clients suite à un vol de données se multiplient assez pour prendre toute la dimension de ce risque.

Il est impératif de doter toute entreprise, quelle que soit sa dimension, d'un plan d'action préventif à ce niveau. Et nous ne sommes qu'au début du phénomène...

Sens

Il ne faut rien attendre de la vie, il faut tout exiger de soi. Le sens de la vie est celui que chacun lui donne.

« La vie est-elle absurde ? C'est nous qui le sommes, quand nous cherchons un sens absolu pour nos vies relatives et passagères. » « Ma vie n'a pas de sens en elle-même, pas de sens absolu ; mais il y a du sens dans ma vie, chaque fois qu'elle se met au service d'autre chose – une cause que je crois juste, une vérité que je cherche ou que je défends, des individus que j'aime, un projet que je poursuis », selon André Comte-Sponville.

« Notre grand et glorieux chef-d'œuvre, c'est de vivre à propos. Toutes autres choses, régner, thésauriser, bâtir, n'en sont qu'appendicules et adminicules pour le plus », pour Montaigne.

Joan Miro résumait le sens avec cette formule : « ... ce qui compte, ce n'est pas une œuvre, c'est la trajectoire de l'esprit durant la totalité de la vie, non pas ce que l'on a fait au cours de celle-ci, mais ce qu'elle laisse entrevoir, et ce qu'elle permettra aux autres de faire à une date plus ou moins lointaine ».

La question du sens dans l'entreprise est tout aussi importante. Plus le collaborateur percevra le sens de son poste ou de sa mission, plus il sera un contributeur efficace au projet global. Quand il y a perte de sens, quand la finalité de l'entreprise est trop diffuse, il y a menace pour la réussite collective.

Si

Débuter une question par « Et si... ? » est une puissante façon d'ouvrir le champ des possibles et de stimuler l'imagination. Bien des inventions ont commencé par là.

Silence

« Le silence, ce n'est pas seulement l'absence de bruits. Le silence, c'est la capacité de faire retour sur soi, c'est ce qui nous permet la concentration, la lecture et l'écoute ; je crains que nous en soyons très loin. Nos repères auditifs se sont dénaturés, affaiblis, désacralisés. La peur voire l'effroi suscités par le silence se sont intensifiés. Nous vivons dans une société de silences intermittents », selon l'historien Alain Corbin.

Simplifier

« L'homme devrait mettre autant d'ardeur à simplifier sa vie qu'il en met à la compliquer », disait Bergson.

Simplifier les choses doit être une obsession permanente de l'homme d'action.

Société

Je suis fasciné par l'intelligence de la foule. La révolution sociétale est profonde. La mutation est en marche, à grande vitesse, et personne ne sait quelle forme exacte prendront les modèles futurs.

Les signaux sont pourtant là, autour de nous, il faut les lire et c'est passionnant. « Les Français au quotidien imaginent, se débrouillent, partagent, troquent, contournent, innovent. Ils anticipent, dans leur vie réelle, des mutations profondes. C'est la société civile et les gens ordinaires qui transforment le monde », explique Marie-José Forissier, PDG de Sociovision-Cofremca.

Solitude

La solitude du dirigeant ou de toute personne qui doit décider n'est pas une caricature mais bien une réalité permanente. On a beau être entouré, recevoir les meilleurs avis et conseils, à la fin on se retrouve seul face à la décision essentielle à prendre. Il faut assumer ces moments. Même organiser des moments de solitude qui permettent de prendre du recul par rapport au quotidien envahissant.

Stop

C'est l'acronyme d'une méthode, popularisée par Annika Månsson, fondatrice de Happy at Work, quand il faut vite prendre du recul :

- Stop dans un lieu calme et isolé pendant une minute.
- Trois respirations profondes pendant une à trois minutes.
- Observer les émotions pendant une minute.
- Percevoir avec bienveillance pendant une minute et prendre du recul.

Stratégie

Une des principales missions du dirigeant est de poser la question de savoir où sera l'entreprise dans cinq, dix ou vingt ans. Et cette stratégie repose en général sur une idée originale qui fait qu'on est différent des autres.

Par le passé les dirigeants élaboraient des plans stratégiques à cinq ans qui pouvaient être suivis en confiance. Désormais, il faut un cap stratégique long pour les grandes orientations de l'entreprise, et s'interroger quasiment tous les six mois tant l'environnement d'un métier peut être remis en cause rapidement. Tirant les conséquences de leurs analyses stratégiques et de leurs diagnostics, certaines entreprises sont conduites à abandonner leur métier historique pour survivre. De très grands groupes qui n'ont pas anticipé les changements de leur métier ont aujourd'hui disparu. Kodak en est une des plus parlantes illustrations.

Définir une stratégie, c'est avant tout faire des choix dans au moins trois directions, des choix qui distinguent de la concurrence :

- À quels clients veut-on s'adresser ?
- Que veut-on précisément leur proposer ?
- Comment s'organise-t-on pour les servir ?

Dans l'environnement complexe actuel une stratégie ne reste plus figée du début à la fin. C'est la trajectoire qui compte, être capable de la tenir malgré les aléas, qui conduisent parfois sur des chemins imprévus au départ.

De nombreuses études ont montré qu'une faible part des collaborateurs comprend la stratégie de leur entreprise. Le travail du dirigeant ne s'arrête pas à la définition d'une bonne stratégie mais à sa traduction pédagogique et parlante pour son équipe.

Quant aux mauvaises stratégies, elles peuvent être caractérisées par les signes suivants :

- Les stratégies purement défensives qui ne projettent pas l'entreprise dans l'avenir.
- Celles qui ne sont qu'une liste d'objectifs chiffrés.
- Les trop compliquées qui ne peuvent pas s'expliquer simplement.
- Parmi elles, celles qui partent dans tous les sens, sans focalisation.
- Ou encore les trop rigides, qui enferment les équipes dans un carcan sans capacité d'ajustement.

Autre point et non des moindres : ne pas confondre la stratégie, la tactique de mise en œuvre et l'opérationnel du quotidien.

Stress

« La pression n'est pas un stress. Le seul stress qui existe est l'absence de choix. » Dixit Andrea Huber. Inutile d'ajouter que le stress est à prendre en compte au plus haut point chez les dirigeants.

Success story

Peter Drucker voit du courage dans la réussite et il a raison : « Chaque fois que vous voyez une entreprise qui réussit, dites-vous que c'est parce qu'un jour quelqu'un a pris une décision courageuse. »

Dans le monde de l'entreprise les belles réussites sont inspirantes. Derrière une performance d'entreprise se cache toujours un homme ou une femme, son projet, ses méthodes, son management.

Les journaux mettent constamment en avant les grandes réussites d'Apple, de Google, d'Amazon ou de Veepee. Mais la réussite peut s'observer aussi autour de soi. Les champions sont nombreux en France.

SWOT pour analyser l'entreprise (strengths, weaknesses, opportunities, threats)

Points forts, faiblesses, opportunités, menaces : voilà une méthode structurée mais simple pour analyser les facteurs internes et externes qui affectent une entreprise. Bien identifier les dilemmes entre les forces et les faiblesses, les menaces et les opportunités.

Syndrome

Il y en a de nombreux. Je pense souvent au syndrome du canard : on s'habitue à la médiocrité des choses. Et au syndrome du paradis : tomber malade pendant les vacances. Cela ne vous est-il jamais arrivé ? Le syndrome de Peter Pan correspond à la peur de vieillir.

t

Tableau de bord

Un des outils de base du dirigeant. Comment piloter une entreprise sans disposer des bons indicateurs régulièrement mis à jour et comparés à la fois aux prévisions et au passé ? Impossible. Mettre en place le tableau de bord adéquat est une des premières missions du dirigeant qui prend sa mission. Les indicateurs doivent être suffisants sans être trop nombreux pour donner une vision globale de l'entreprise et permettre de mettre le doigt rapidement sur les points de vigilance et d'alerte, de sorte à ajuster le plan d'action en cours.

Talent

Pas de définition à cette entrée: le talent se constate comme une évidence. Mais il se travaille, il se cultive, il ne doit pas se comprendre comme de la facilité.

Tension

L'entreprise doit en permanence être maintenue sous tension. Les équipes dont le quotidien est devenu trop confortable ne sont plus dans l'état de tension propice à la créativité, à l'originalité, à l'innovation. La routine n'est jamais très loin derrière le confort. Elle est l'ennemie de l'entreprise qui réussit.

Temps

Pour Jean-Louis Servan-Schreiber, « chacun sent qu'avec la santé, le temps est notre seule vraie richesse, la monnaie contre laquelle, chaque jour, nous vous procurons de successives impressions de vie ». Or « nous réfléchissons bien plus à l'emploi de notre argent renouvelable qu'à celui de notre temps irremplaçable » ajoute ce spécialiste de « l'art du temps ». « Vous qui avez eu la chance de prendre forme humaine, ne perdez pas votre temps », nous exhorte un adage tibétain.

Des livres entiers sont à la disposition des managers pour mieux gérer leur temps. Ils regorgent de lois: de Parkinson, d'Illich, de Pareto, de Murphy... Il est aussi souvent conseillé de recourir à la matrice d'Eisenhower pour faire le tri dans les tâches à réaliser.

Une bonne gestion du temps s'acquiert avec l'expérience, en respectant quelques principes de base :

- Agir vite : est-ce à jeter, à traiter immédiatement, à programmer, à déléguer ?
- Noter les tâches à accomplir pour se libérer l'esprit.

- Mettre en place une organisation personnelle à même de faire apparaître le dossier à traiter au bon moment.
- Réduire au maximum les interruptions qui font perdre du temps.
- Consacrer les moments les plus efficaces aux tâches les plus difficiles.
- Ne pas se noyer dans l'information à disposition, qui peut être une grande source de perte de temps.
- Prendre des rendez-vous avec soi-même, occasion de recul et de mise en perspective de ce qui est à faire et de planification personnelle.

Et à cette entrée il y a aussi la notion du temps long, celui qu'on se donne sans céder à la mode et aux dernières tendances éphémères, pour construire une action dans la durée.

Terrain

Dès que l'entreprise s'éloigne trop loin du terrain, c'est-à-dire de ses clients, elle se perd. Seuls les projets connectés aux réalités du quotidien des clients ont du sens. Et dès que le sens est limpide, il est aisé de mobiliser les équipes sur le travail à entreprendre. L'entreprise gagne lorsque l'équipe s'est approprié le projet, le transforme et le dépasse.

Pour le manager, il n'existe pas de meilleur remède que d'aller se ressourcer sur le terrain dans les moments difficiles: au contact des collaborateurs et des clients, au contact des réalités quotidiennes de l'entreprise. Ces échanges redonnent de l'énergie tant ils sont emplis d'un bon sens qui se perd parfois dans les bureaux et les hautes sphères.

Transmettre

Le plus beau projet du manager n'est-il pas de transmettre son savoir et ses acquis à la relève ? Partir avec le sentiment d'avoir bien organisé la suite donne une satisfaction réelle.

La transmission figure même parmi les premières responsabilités du dirigeant : disposer en permanence d'un plan B pour les grands postes de l'entreprise est une nécessité.

De manière plus profonde encore, la transmission tout court n'est-elle pas le projet essentiel dans la vie ?

Travail

Le travail correspond étymologiquement à notre capacité à changer le monde qui nous entoure grâce à un effort fourni. Ne voilà-t-il pas une belle définition à laquelle nous devrions sans cesse nous référer ?

L'impact des entreprises est parfois plus significatif que celui de certaines institutions désormais.

Trembler

« Il faut trembler pour grandir », suggérait René Char. Notre parcours n'est finalement qu'une suite de tremblements de vie.

Trier

Trier l'essentiel de l'accessoire : une compétence majeure à l'ère de l'information surabondante. Nous savons de plus en plus de choses inutiles...

U

Ubérisation

C'est devenu le nom emblématique, à connotation négative, d'un monde qui change vite. Tous les bastions de l'économie traditionnelle vont être remis en cause progressivement par de nouveaux entrants aux méthodes radicales. Ils s'appuient sur une organisation informatique puissante, les réseaux et un accueil très favorable des jeunes générations. Elles y voient des opportunités de travail, de gain de pouvoir d'achat ou tout simplement de meilleures commodités. Nous ne sommes qu'au début de la vague, même si de vieux réflexes ou raisonnements freinent encore sa propagation.

Union

Unis, les femmes et les hommes sont plus forts.

Ce mot d'ordre est bref mais puissant. Face à la complexité actuelle, à un environnement économique en mutation accélérée, face aux défis de l'entreprise, il ne faut pas s'isoler et rester seul. À plusieurs il y a plus d'imagination, de créativité, de moyens pour résoudre ces défis. Ne pas s'en priver.

Utile

Cette entrée nous renvoie à la citation initiale de ce livre de Joseph Schumpeter : « On n'a servi à rien tant qu'on n'a pas apporté quelque chose dans la vie des gens. » Qui peut vivre avec un projet inutile aux autres ?

Utopie

« Je rêvais d'un autre monde
Où la terre serait ronde
Où la lune serait blonde
Et la vie serait féconde[1]... » chante Jean-Louis Aubert dans le groupe Téléphone.

Nous sommes incapables de vivre sans utopie.

---

1. « Un autre monde », paroles Jean-Louis Aubert, musique Aubert, Marienneau, Kolinka, Bertignac, album *Un autre monde*, 1988, Universal Music Publishing.

V

Vacances

« Le bonheur de l'homme, je crois, c'est de changer de rythme. On peut, en vacances, avoir envie de courir le long des vagues et puis après, se laisser porter par les vagues. Car on ne peut courir tout le temps, au risque de se perdre. Il faut parler du repos du corps bien sûr, mais aussi du repos de l'âme. Des zones en nous ont besoin de calme... La lenteur, c'est s'attarder. S'attarder et ainsi retrouver sa capacité d'émerveillement. Une église, un visage... » Tel est le beau programme de Pierre Sansot pour les vacances.

Valeur

Selon un repère de banquier, une entreprise vaut environ sept fois sa capacité d'autofinancement. Dans la grande distribution, un magasin qui est propriétaire de ses murs vaut environ 40 à 50 % de son chiffre d'affaires.

Valeurs

C'est dans les moments les plus difficiles, face aux décisions les plus complexes, qu'il est utile de se référer à nos valeurs. Nos valeurs personnelles et les valeurs de l'entreprise. Encore faut-il qu'elles soient préalablement parfaitement déterminées.

« Chaque homme, pour se gouverner dans la vie, se crée une loi, une doctrine. Il se dote d'une sorte de boussole morale qu'il regarde à mesure qu'il avance. Ma boussole est dans l'un des deux mots : liberté, justice », disait Victor Schoelcher. Je partage avec lui cette priorité pour ces deux mots, que j'aurai retrouvés à la une du journal *Ouest-France*, où j'ai fait mon stage de fin d'études. Deux mots qui me poursuivent donc...

Veiller

« À celui qui veille, tout se révèle », dit un proverbe italien. La veille dans chaque métier est indispensable. Être en permanence à l'affût des signaux faibles en périphérie du métier, pour détecter les tendances qui feront le quotidien de demain. Elle doit surtout permettre de sentir quand est arrivé le bon moment pour lancer un produit. Mettre en place les capteurs nécessaires dans l'entreprise.

Vendre

L'acte de vente suppose avant tout l'instauration d'une relation de confiance entre vendeur et acheteur. Tous les vieux vendeurs vous le diront.

Cette confiance est nouée dans l'instant lors d'un premier face-à-face pour une vente ponctuelle. Elle se construit dans le temps et à chaque contact entre une enseigne et ses clients.

Un rien peut briser cette confiance dans un contexte d'exigence extrême des clients actuellement.

Vérité

« Nous sommes un animal programmé pour cerner la vérité », aux yeux de George Steiner. « Chercher la vérité et la dire » était la devise de Jean Jaurès. Pour de Gaulle, « il n'y a de réussite qu'à partir de la vérité ». Pour John Fitzgerald Kennedy, « le grand ennemi de la vérité est très souvent, non le mensonge – délibéré, intentionnel et malhonnête – mais le mythe – persistant, convaincant et irrésistible ». Romain Rolland a érigé la vérité en loi de sa vie : « De toute mon œuvre et de toute ma vie se dégage une loi morale, loi d'intelligence et d'action, loi intérieure et loi pratique : la loi de la vérité. Être vrai avec soi-même. »

Victoires

Chez U nous encourageons le réseau à remonter tous les mois les victoires et, surtout, les irritants, soit tout ce qui n'a pas fonctionné au quotidien et qu'il faut revoir. Une source inégalable de progrès, mais qui suppose une discipline de fer et une réponse circonstanciée aux irritants.

Vie

« La vie est un mystère qu'il faut vivre et non un problème à résoudre », selon Gandhi. Pour Malraux, « une vie ne vaut rien, mais rien ne vaut la vie ». André Comte-Sponville est beaucoup plus pratique : « La vie est une maladie héréditaire, sexuellement transmissible, et mortelle. » Maxence Fermine rappelle l'essentiel : « La vie est un théâtre et il n'y a qu'une seule représentation. » Pour Rosa Montero, dans la même idée, « nous sommes tous les romanciers de notre vie ». Avec la conscience de cette réalité, la vie est ce que chacun en fait et lui demande. « L'essentiel est de pouvoir dire : j'ai vécu, et non pas : j'ai végété », pour Pascal Bruckner. « Vis comme tu penses si tu ne veux pas finir par penser comme tu vis » était par exemple une des citations fétiches de Paul-Émile Victor pour résister. De son côté, Albert Einstein comparait la vie à une bicyclette : « Il faut avancer pour ne pas perdre l'équilibre. » « La vie ressemble beaucoup au jazz. Elle est plus belle quand on improvise », pour George Gershwin.

Vision

C'est tout simplement la projection de l'entreprise dans le futur. Quoi de plus difficile dans l'entreprise que de disposer de la bonne vision stratégique pour l'avenir ? Sur ce plan il y a les patrons et les patrons visionnaires, ceux dont l'acuité et l'imagination font toute la différence par rapport aux autres. Cette vision est le fruit d'ingrédients multiples : une passion pour le métier, une maîtrise professionnelle détaillée, une connaissance et une compréhension du passé, une veille qui éclaire, une capacité de synthèse qui permet de faire le lien entre aujourd'hui et demain. Mais ce n'est pas tout. Certains ont la vision mais butent sur la réalisation, sur la concrétisation. Les patrons visionnaires sont ceux qui allient vision à long terme, prise de risque, capacité de mise en œuvre et de mobilisation des équipes autour des projets.

Pour Jack Welch, une vision, c'était avoir une grande idée dans un monde qui bouge.

Vitesse

Une dimension essentielle de l'environnement de travail actuel. Les plus grandes réussites professionnelles de ces dernières années sont à chercher du côté des entreprises qui vont vite. Il est terminé le temps où l'on pouvait peaufiner le produit ou le service idéal avant de le sortir. Pour ne pas être pris de court par des concurrents, il faut oser se lancer sans être certain d'avoir totalement abouti. À ce moment soit vous avez de la chance, votre produit rencontre ses clients et c'est un grand succès. Soit vous corrigez le tir, fort de la confrontation avec les clients. C'est exactement la démarche d'un Google, qui lance constamment des versions beta de nouveaux services, vite améliorées par les premiers utilisateurs. De toute façon, qui peut dire dans un service marketing ou recherche et développement que le produit en cours de préparation est parfait ? Seuls les clients peuvent le dire.

Vivant

« [...] nous restons vivants tant que quelqu'un se souvient de nous. » Dixit Carlos Ruiz Zafón.

Vocation

« La vocation, c'est d'avoir pour métier sa passion », a dit Stendhal.

Volonté

Ce qu'il faut pour passer du savoir à l'action déterminée. « N'attends pas que les événements arrivent comme tu le souhaites ; décide de vouloir ce qui arrive et tu seras heureux », conseillait Épictète. « Le contraire du hasard, c'est l'intelligence, et c'est la volonté. La vie ne se joue pas à pile ou face », rappelle André Comte-Sponville. Émile Coué en était sûr : « Tous les jours, à tout point de vue, je vais de mieux en mieux. »

Voyage

Voyager, c'est le pincement de partir, le plaisir de la découverte, le bonheur de revenir.

« Il n'y a d'homme plus complet que celui qui a beaucoup voyagé, qui a changé vingt fois la forme de sa pensée et de sa vie », selon Alphonse de Lamartine. « Contempler notre propre vie dans une perspective radicalement nouvelle est l'une des chances les plus merveilleuses qu'offre le voyage », complète Alain de Botton. Chateaubriand n'était pas de cet avis, estimant que « l'homme n'a pas besoin de voyager pour s'agrandir ; il porte avec lui l'immensité ». Pour Marcel Proust, « le voyage de la découverte ne consiste pas à chercher de nouveaux paysages mais à voir les choses différemment ». Dans tous les cas le voyage transforme le voyageur.

X

X (ex Twitter)

Avec un compte X chacun dispose d'une agence de presse personnelle incomparable. X sait tout et pour peu qu'on soit un peu organisé on y trouve toute l'actualité correspondant à ses centres d'intérêt. Avec un outil du type X Pro il est facile de les suivre à travers des mots-clés ou des noms-clés.

X permet de se construire une communauté de followers partageant les mêmes préoccupations. Il devient alors facile de l'interroger face à telle ou telle problématique professionnelle et d'enclencher l'échange.

X est pour moi un média des interstices : j'y jette un œil pendant les transports, entre deux rendez-vous pour les derniers flashs. Dans ce sens il ne prend pas de temps, car le danger est d'être absorbé par cette source intarissable.

Depuis sa reprise par Elon Musk, X laisse la parole plus libre, les contenus sont moins modérés, l'occasion d'être interpellé par des sujets qui sortent du cadre de vos centres d'intérêt habituels. Il faut soi-même faire un peu plus de modération.

Z

Zéro

« Zéro défaut, zéro stock, zéro délai, zéro risque, zéro mort. Zéro question, zéro choix, zéro repos. Le monde qui commence est le temps des zéros », déplore le journaliste Philippe Roos. Vladimir Jankélévitch réduit lui l'homme à peu de chose : « l'homme est infiniment grand par rapport à l'infiniment petit et infiniment petit par rapport à l'infiniment grand ; ce qui le réduit presque à zéro. »

Conclusion

Être unique: c'est toute l'ambition du chef d'entreprise pour son entreprise.

Être unique: c'est toute l'ambition que chacun doit avoir pour lui-même.

Intégrer les repères, les leçons, les conseils pour mieux s'en éloigner et devenir soi.

Sortir du cadre, du moule, prendre du recul, s'éloigner des sentiers battus, pour trouver sa propre voie, tracer son chemin, au gré de ses choix.

Car nous ne sommes que nos choix.

Je serai heureux de lire vos commentaires et vos compléments à l'adresse mail: schelcher@laposte.net. Un chaleureux merci d'avance.

Mulhouse, 2024

Épilogue

« Tu connaîtras la justesse de ton chemin
à ce qu'il t'aura rendu heureux. »
ARISTOTE

Bibliographie

LIVRES

Allen David. *La méthode GTD*. Paris : Leduc, 2008.

Babeau Olivier. *La tyrannie du divertissement*. Paris : Buchet Chastel, 2023.

Bourigeaud Bernard et Brun Jacques. *Management : les idées les plus simples sont souvent les meilleures*. Paris : Eyrolles, 2016.

Bruckner Pascal. *L'euphorie perpétuelle*. Paris : Grasset, 2000.

Byrne Rhonda. *Le Secret*. Paris : Un monde différent, 2022.

Cauvin Patrick. Dictionnaire *amoureux des héros*. Paris : Plon, 2005.

Chateaubriand François-René de. *Mémoires d'outre-tombe*. Paris : Le Livre de Poche, 2001.

Comte-Sponville André. *L'amour*, la solitude. Paris : Paroles d'Aube, 1992.

Comte-Sponville André. Dictionn*aire philosophique*. Paris : PUF, 2001.

Demay Jérémy. *La liste*. Paris : Eyrolles, 2022.

Dr Fleck Anne. *Énergie*. Arles : Actes Sud, 2023.

Dr Frankl Victor. *Découvrir un sens à sa vie*. Paris : Les Éditions de l'Homme, 2006.

Ferris Timothy, *La semaine de 4 heures*. Paris : Pearson, 2008.

Forte Tiago. *Construire un second cerveau*. Paris : Eyrolles, 2022.
Green Julien. *Journal intégral*. Paris : Robert Laffont, 2019.
Hardy Darren. *L'effet cumulé*. Paris : Diateino, 2023.
Histel-Barontini Lara. *La boîte à outils de la relaxation*. Paris : Dunod, 2021.
Huguenin Jean-René. *Journal*. Paris : Points, 1997.
Izzo John. *Ce qu'il faut savoir avant de mourir*. Québec : Un monde différent, 2009.
Jarrosson Bruno. *Oser la confiance*. Paris : Insep Consulting, 1997.
Jollien Alexandre. *Le métier d'homme*. Paris : Points, 2014.
Joly Hubert. *L'entreprise, une affaire de cœur*. Paris : Plon, 2022.
Karli Pierre. *Devenir un homme*. Strasbourg : La Nuée Bleue, 2009.
Keller Gary et Papasan Jay. *The one thing*. Paris : Alisio, 2020.
Koch Richard. *Le principe 80/20*. Paris : Les Editions de l'Homme, 2000.
Lenoir Frédéric. *Petit traité de vie intérieure*. Paris : Plon, 2010.
Lichtenberg. *Maximes et pensées*. Paris : André Silvaire, 1998.
Loreau Dominique. *L'art des listes*. Paris : Robert Laffont, 2007.
Malraux André. *L'espoir*. Paris : Gallimard, 1972.
Marc-Aurèle. *Pensées pour moi-même*. Paris : Arlea, 2022.
Montaigne. *Les Essais*. Paris : Gallimard, 2007.
Morin Edgar. *Leçons d'un siècle de vie*. Paris : Denoël, 2021.
Pellerin Fabrice. *Accédez au sommet, le chemin est en vous*. Paris : Michel Lafon, 2013.
Ricard Matthieu. *L'art de la méditation*. Paris : Nil, 2008.

Sansot Pierre. *Du bon usage de la lenteur.* Paris : Rivages, 2000.

Servan-Schreiber Jean-Louis. *L'art du temps.* Paris : Fayard, 1984.

Servan-Schreiber Jean-Louis. *Avec le temps.* Paris : Albin Michel, 2020.

Servat Henry-Jean. Le questionnaire de Proust. Paris : Assouline, 2005.

Sun Tzu. *L'art de la guerre.* Paris : Flammarion, 2008.

Tesson Sylvain. *Dans les forêts de Sibérie.* Paris : Gallimard, 2011.

Welinski Marc. *Pourquoi il est impossible de rater sa vie.* Paris : First, 2024.

PRESSE

Harvard Business Review, version française.

Les Échos.

Le Monde.

Pour limiter l'empreinte environnementale de leurs livres,
les éditions de l'Aube font le choix de papiers
issus de forêts durablement gérées et de sources contrôlées.

Achevé d'imprimer en février 2025
sur les presses de l'imprimerie Firmin-Didot
pour le compte des éditions de l'Aube
331, rue Amédée-Giniès, F-84240 La Tour-d'Aigues

Numéro d'édition : 6536
Dépôt légal : janvier 2025
Numéro d'impression : 183289

Imprimé en France